Jiazhilian Kuaiji

本书由莆田学院出版基金资助出版

价值链会计

第二版

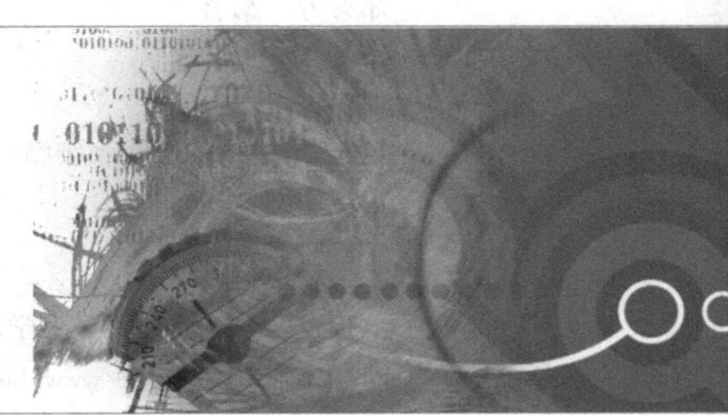

随着经济环境的变化，
价值链对企业的影响越来越明显，
作为价值管理活动的会计管理也就自然而然地关注企业价值链的活动，
企业的会计活动从关注企业内部到同时注重外部合作关系，
会计管理从内部价值管理向外部价值管理延伸，
价值链会计能够利用会计的特有功能和方法为企业价值增值服务。

郑秀芳 ◎编著

西南财经大学出版社

图书在版编目(CIP)数据

价值链会计/郑秀芳编著. —2 版. —成都:西南财经大学出版社,2015. 3
(2025.4重印)
ISBN 978 - 7 - 5504 - 1704 - 5

Ⅰ. ①价… Ⅱ. ①郑… Ⅲ. ①企业管理—管理会计—研究 Ⅳ. ①F275. 2

中国版本图书馆 CIP 数据核字(2014)第 288159 号

价值链会计(第二版)
郑秀芳 编著

责任编辑:汪涌波
封面设计:杨红鹰 张姗姗
责任印制:封俊川

出版发行	西南财经大学出版社(四川省成都市光华村街 55 号)
网　　址	http://www. bookcj. com
电子邮件	bookcj@ foxmail. com
邮政编码	610074
电　　话	028 - 87353785　87352368
照　　排	四川胜翔数码印务设计有限公司
印　　刷	北京业和印务有限公司
成品尺寸	170mm × 240mm
印　　张	11. 5
字　　数	210 千字
版　　次	2015 年 3 月第 2 版
印　　次	2025 年 4 月第 3 次印刷
印　　数	1—3000 册
书　　号	ISBN 978 - 7 - 5504 - 1704 - 5
定　　价	34. 50 元

前　言

价值链分析在20世纪90年代就在管理会计等领域中得到应用，但价值链会计的概念则是由我国已故著名会计学家阎达五教授首先提出的。他认为："价值链会计是对企业价值信息及其背后深层次关系的研究，即收集、加工、存储、提供并利用价值信息，适时对企业价值链的控制和管理，保证企业的价值链能够合规、高效、有序运转，从而为企业创造最大化的价值增值和价值分配的一种管理活动。"他提出了价值链会计的全新概念，并给出了价值链会计理论框架的基本构建思路，从而开创了会计理论研究的新领域。

随着经济环境的变化，作为价值管理活动的会计管理也就自然而然地关注企业价值链的活动，企业的会计活动从关注企业内部到同时注重外部合作关系，会计管理从内部价值管理向外部价值管理延伸，使价值链会计能够利用会计的特有功能和方法为企业价值增值服务。

我国的理论界已经达成共识，即认为现行的会计模式已经越来越不适应社会经济环境的变化，已经远远落后于实践的要求，所以有必要对现行财务会计模式进行改进。同法务会计、社会责任会计等新兴的会计学科一样，价值链会计的产生、发展和应用，同样是对现行会计的有益补充。随着IT技术的飞速发展、计算机的普及、价值链理论的提出、作业成本法的应用、商誉、衍生金融工具、人力资本等的确认和计量以及多层次彩色财务报告模式等的出现，使得我国的价值链会计的研究和应用，不仅是必要的，而且是可能的。

本书共分为四个部分，第一部分包括第一、二、三章，介绍研究背景、研究目的和研究动态，提出构建会计模式的新视角——价值管理，指出价值链会计是在传统会计基础上发展的，并与传统会计进行比较；第二部分包括第四、五、六三章，主要从理论上分析价值链会计的内涵和理论结构，并提出三维分析；第三部分包括第七、八、九、十、十一章，主要就价值链会计的会计实务和应用进行研究；第四部分就IT环境下的价值链会计进行分析。

本书在撰写过程中查阅、借鉴了不少资料，也经过了反复修改，但由于水平有限，仍然存在许多不成熟、不完整的地方，恳请大家批评指正，谢谢！

郑秀芳

目录

导论

一、研究背景

会计是人们从事的一种管理活动,会计工作是一种管理工作。纵观会计的发展历程,每一次重大变革都是在社会经济环境发生深刻变化、管理方法有了改进的基础上进行的,而变革后的会计理论与方法又会对社会经济产生巨大的推动作用。

从社会经济环境的变化来看,人类社会进入20世纪90年代以来,全球经济的发展呈现出两个基本特征:一是各国经济发展的国际化态势明显加快,二是知识化经济和信息化经济逐步处于经济发展的主导地位。在这两大背景下,人们观察经济动态的理念、指导经济活动的思路、组织经济运作的方式,乃至追求经济发展的目的都发生了很大变化。就经营企业而言,人们对企业性质的认识、对经营目标的定位、对经营方式的选择以及对日常经营管理方法的实施都有了许多新的发展。比如:对企业经营目标的定位已经从企业利润最大化发展成为企业价值增值最大化,价值管理成为企业管理的核心;企业的经营方式正在向外向型、多元化、集团化的方向发展;企业经营理念也发生了很大的变化。企业面临空前激烈的竞争环境,经营企业犹如逆水行舟,不进则退。人们逐渐认识到,企业不管其规模多大,技术多先进,孤军奋战往往难以保持永久的竞争优势,而实施价值链管理,与上游供应商和下游顾客建立价值链战略联盟,共同参与竞争则易于取胜。因此,从20世纪80年代后期开始,企业管理模式由纵向一体化发展成为横向一体化,这种基于价值链的横向管理模式,可以使企业在最短的时间里找到最好的合作伙伴,用最低的成本、最快的速度、最好的质量赢得市场。企业的概念也从单一企业扩展到企业外部整个供应链上的供应商和客户,即一个价值链联盟。竞争也由企业和企业之间转化为价值链联盟与价值链联盟之间。在这种价值管理方式下,会计信息使用者对会计信息的质和量的要求更高了,要求会计信息具有实时性,并且能提供更多与决策相关的信息。

从现行会计模式本身来看,传统的财务会计与管理会计都遭致越来越多的批评。对财务会计批评的焦点在于财务会计无法反映企业价值的信息。如,现行财务报告对前瞻性信息、无形资产信息以及非财务信息等披露不足。以记账、算账、报账为重心的传统会计模式也受到越来越多的批评。英国管理实务会计事务所(MTP)执行经理玛格丽特·梅(2002)指出:“进入新的世纪,我们已无法忍受这样一个事实:用超过财务部门80%的资源和陈旧的计算机财务系统仅仅从事交易记录和活动控制工作,而没有使公司的价值显著增加。”她指出,财务部门的传统职能已不再使用,有必要将其转化为增加企业价值的新职能。至于管理会计更是众矢之的。哈佛大学商学院卡普兰教授在20世纪80年代就强调会计信息应当满足管理者的决策需求。他指出管理会计的相关性已经消失,传统的管理会计忽视了新的制造环境和新的管理理念。如,在信息时代的竞争环境下,产品寿命周期逐步缩短,许多先进企业已经实行适时制造方式,实现了零存货。在这种情况下,管理会计传统知识中的“经济订货量”、“最优生产批量”等方法已经没有意义。管理会计领域所涌现的各种新的理念和方法,如价值链、供应链管理、EVA(经济增加值)业绩评价体系、作业成本计算和作业管理、平衡计分卡、精益制造思想等,又无法较好地融入现行管理会计理论体系之内。管理会计变成了“来者不拒”的大杂烩。由此可见,变革现行的会计模式已是大势所趋。

从信息技术的发展来看,如果我们把21世纪称作信息时代,恐怕一点也不过分。随着计算机网络技术的发展,企业的各个方面都受到了前所未有的冲击。企业内部网的建立与运用使企业内信息得以共享,打破了企业内各职能部门间的界限,使企业组织渐趋扁平化、网络化;企业通过因特网以及基于因特网的EDI(电子数据交换)、电子商务等,可以方便、实时、低成本地与顾客交易,更直接地把握顾客的需求,使企业与顾客的交流和交易方式呈现出新的特点;企业与企业之间可以利用网络技术建立动态联盟,形成虚拟企业,增强竞争能力;IT(Information Technology信息技术)的应用使企业更易于整合、重组其业务流程,企业可以围绕企业目标和具体项目,跨越时空、人员的限制,进行优化组合。其后,随着第三代因特网——网格技术的成熟和在商业领域的运用,价值链上各个节点的企业可以通过网格实现资源的全面连通,消除信息孤岛和资源孤岛,并完全实现对链条上各企业资源简易、无缝的访问。价值链上各企业借助于信息技术,对价值进行全程的预算、管理和实时控制已成为可能。

综上所述,广大会计理论和实务工作者认为,现行会计模式已经越来越不适应社会经济环境的变化要求。因而有必要重新审视我国现行会计模式,改革其中旧的不符合实际的部分,系统总结已被实践所证明的各种行之有效的做法,并抽象为理论,为会计理论增加新鲜的内容。而价值链会计正是适应当今经济发展趋势的一种选择。

我国已故著名会计学家阎达五教授在其创建的“会计管理活动论”的基础上,结合经济学、管理学前沿理论及信息技术的发展状况,率先提出了“价值链会计”概念。价值链会计理论与方法的研究,目的在于紧密结合信息技术,将价值链管理思想落实到企业的管理活动中,以实现价值增值的最大化,创造企业各方利益相关者的共赢。

二、研究目的

20 世纪 40 ~60 年代,企业的管理模式主要是大而全、小而全的经营方式,这种管理模式随着市场竞争的加剧,暴露出各种缺陷,如增加企业的投资负担,承担丧失市场时机的风险,迫使企业从事不擅长的业务活动,增大企业的行业风险。因此,鉴于纵向一体化管理模式的各种弊端,从 20 世纪 80 年代后期开始,国际上越来越多的企业放弃了这种经营模式,随之兴起了横向一体化思想,即利用企业外部资源快速响应市场需求,抓住最核心的东西——产品方向和市场。这种管理模式可以使企业在最短的时间里找到最好的合作伙伴,它可以更多地依靠伙伴间彼此的信任以及由于成功组建价值链而带来共同利益的维系。这种价值链可以使企业用最低的成本、最快的速度、最好的质量赢得市场,实现价值链上各节点企业的共赢。

在价值链管理过程中,价值链会计可以作为其中的管理工具处理相应的信息,实现企业对资金流、信息流与实物流的跟踪与反馈。价值链管理作为价值链会计支持层面的一项内容,为价值链会计搭建了一个组织、文化及业务平台,二者在理论和实践操作中都是相互嵌入的关系,在局部问题上甚至是相互交融,不分彼此的。从已有的价值链管理理论上看,许多环节已经采用了会计技术,如库存管理、成本控制等,甚至在一些文献中,对价值链管理的辅助领域的描述中也包括了会计核算,但这些会计技术要么是一种局部的应用,没有形成一个反映并监督价值链运作的会计体系;要么这种会计核算只是对企业局部价值链的一种核算,并没有将联盟伙伴的要素考虑进去,无法突破传统会计核算的框框。而本文的研究,正是在信息技术完善的条件下,以价值链管理为依托,生成完备的会计数据体系,对价值链管理的结果进行反映,并参与价值链管理。

三、国内外研究动态

(一)关于价值研究

第一个把价值明确区分为实用价值和交换价值的是经济学鼻祖、英国古典经济学家亚当·斯密,他指出:“价值一词有两个不同的意义。它有时表示特定物品的效用,有时又表示由于占有某物而取得对他种货物的购买力。前者叫做使用价值,后者叫做交换价值。”

大卫·李嘉图进一步完善了斯密的理论,认为使用价值是交换价值的前提,并认为商品价值量取决于“最不利的条件下进行生产的人所必须投入的较大量的劳动”,成为古典劳动价值论的完成者。

马克思在吸收古典劳动价值论一切有益内容的基础上,完成了对价值质和量的统一意义上的分析,提出了科学的马克思主义劳动价值论。他认为交换价值只是从量上讨论价值问题,价值的背后是劳动;剩余价值理论是分析资本主义价值和利润形成的基本方式;价值是凝结于商品中的人类抽象劳动,只有人的劳动才能创造价值;改进劳动工具、改变劳动方式、发展科学技术、提高劳动效率、减少劳动成本等,是增加和创造价值的根本途径。

此外,以马歇尔为代表的新古典价值论、以凯恩斯为代表的效用价值论和以斯拉法为代表的新剑桥学派价值理论等,分别从各自不同的角度阐述了价值和价值创造的含义。

(二)关于价值链研究

价值链的概念是迈克尔·波特于1985年在其所著的《竞争优势》一书中提出的,该理论在过去近20年中获得了很大的发展,并被当今先进管理思想者所采用,已经成为研究竞争优势的有效工具。Porter的价值链通常被认为是传统意义上的价值链,较偏重于以单个企业的观点来分析企业的价值活动、企业与供应商和顾客可能的连接以及企业从中获得的竞争优势。

在最初基于制造业的观点中,价值链被看成是一系列连续完成的活动,是原材料转换成一系列最终产品的过程。新的价值链观点把价值链看成是一些群体共同工作的一系列工艺过程,以某一方式不断地创新,为顾客创造价值。价值链思想认为企业的发展不只是增加价值,而是要重新创造价值。在价值链系统中,不同的经济活动单元(供应商、企业合作者和顾客)通过协作共同创造价值,而价值已不再受限于产品本身的物质转换。

后来Peter Hines把Michael E. Porter的价值链重新定义为“集成物料价值的运输线”。

Shank指出:价值链没有始于供应者,同样也没有传递到顾客就停止了,他认为企业的价值链不局限于企业内部,可以延伸到企业外部;价值链不仅是一种内部分析工具,而且还可以用于外部价值链分析。这种广义的价值链拆除了企业的围墙,强调企业通过联合上下游企业,建立一条经济利益相连、业务关系紧密的产业价值链,实现优势互补。

Michael Hammer教授1990年提出了企业业务流程再造(BPR)概念,强调通过对企业业务流程的重新设计,以求企业在速度、质量、成本、服务等业绩考核指标上取得显著提高,从而保证整个价值链的有效性。

信息技术的发展展示了获得竞争优势的新领域,价值链被看成是包括信息的创造和利用。“虚拟价值链”和“数字资产”对企业的能力提供了较宽的经济规模,把顾客的知识转换到了新的产品和服务中。

Jeffery F. Rayport和John J. Sviokla于1995年提出了开发虚拟价值链的观

点,认为当今每个企业都在两个世界中竞争,即管理者可感知的物质世界及信息构成的虚拟世界,后者指电子商务这一新的价值增长点。虚拟价值链的任一阶段创造的价值包含五项活动:收集、组织、选择、合成和分配信息,通过这些活动收集的原始信息可以增加价值。企业在三个阶段利用信息增加价值:第一阶段是可视化管理;第二阶段是反映能力;第三阶段是企业利用信息技术建立新型顾客关系。

数字性资产不同于实物资产,不会在消费过程中用尽。企业用数字性资产生产和创造价值,通过潜在有限数量的转换,可以重新回收,这就改变了企业竞争的动力学。

随着因特网的出现,价值链理论被再次时代化。1995 年 12 月,《哈佛商业评论》和《管理沙龙》两大阵营的理论家们,由于最新的价值链管理理论而走到一起。他们指出,与实物价值链并行的是虚拟价值链,后者可用于实物价值链的各个阶段使价值增值,只是虚拟价值链需要在互联网上操作,即供应商等利用因特网创造新的企业。这样,运用互联网管理就可以为企业创造价值或开辟新的市场。人们可以沿着价值链的每一个阶段,重复同样的步骤。供应商通过互联网络销售产品可以取得新的市场。例如,顾客通过互联网提出对产品的具体要求(根据 Peter Hines 的观点,顾客是价值链的一部分)。企业应努力把实物价值链上的每个环节结合到它的虚拟价值链上,看其能否通过这种方式提高效率。

价值链一开始只是涉及物质产品的制造方面,价值增值被认为只有通过大量的产品装配和制造技术才能实现。但到 20 世纪 70 年代中期,价值增值已经可以通过提供服务得以实现。服务环节在很大程度上依赖于信息技术的先进性。信息时代,价值越来越多地建立在信息和知识上。当服务经济转变到信息经济时,使用电子商务的优势变得更为清晰。通过因特网,电子商务以一种前所未有的方式,集成传统商业活动中的物流、资金流和信息流,同时帮助企业将客户、经销商、供应商以及员工结合在一起。哈塞莫认为,价值链也是价值创造链。价值的创造是在企业内部进行的,原材料或经过初步加工的产品被进一步加工,生产出具有更高市场价值的产品,而这些产品又被其他的企业再进一步加工,或者被最终用户购买。这样的一条价值创造链是以各个生产企业为环节的,并且由此把各个生产企业联系在了一起。他还认为,价值链管理所追求的目标是打破企业界限,将交易流动、信息、资金流动和权益进行一体化管理和协调。

进行价值链管理的前提是从价值创造的角度总体地考虑问题以及参与价值创造各方必须牢固树立顾客决定生产的意识。各方思想意识的一致表现在进行同步规划、利用共同的参数(比如客户服务程度)、共同的商业汇率和质量

标准、信息互递和统一测量与操作参数。

(三)价值链会计研究

价值链会计是由我国学者率先提出的,国外会计理论及实务界并没有明确地提出这一概念,但是这并不意味着国外会计理论和实务界没有涉及这一领域。国外对价值链会计的研究主要体现在作业管理上。有些学者认为,企业是为最终满足顾客需要而设计的“一系列的作业”(Aseries of Activities)的集合体,形成一个由此及彼、由内到外的作业链(Activity Chain)。每完成一项作业要消耗一定的资源,而作业的产出(Output)又形成一定的价值,并转移到下一个作业,按此逐步推移,直到最终把产品提供给企业外部的顾客,以满足他们的需要。最终产品,作为企业内部一系列作业的集合体,它凝聚了在各个作业上形成而最终转移给顾客的价值。因此,作业链同时也表现为“价值链”(Value Chain)。作业的推移,同时也表现为价值在企业内部的逐步积累与转移,最终形成转移给企业外部顾客的总价值。从顾客那里收回转移给他们的价值,形成企业的收入。收入补偿完各有关作业所消耗的资源的价值之和后的余额,成为从转移给顾客的价值中取得的利润。企业生产经营的直接目的是最大限度地增加利润,在收入一定的情况下,降低消耗可以达到增加利润的目的。因此,管理者必须考虑如何降低各作业链的作业成本,形成“以作业为基础的管理”(Activity - Based Management,ABM)或简称“作业管理”(Activity Management,AM)。通过对价值链上各节点作业成本的管理和控制,实现整个链条上成本的最低,从而实现价值链链条上价值的最大化。

作业管理的理念在会计上主要体现为作业基础成本法。20 世纪 70 年代初期,美国斯坦伯斯(George J. Staubus)教授首先提出作业基础成本法,经过十几年来的理论研究,20 世纪 80 年代末期开始在企业里推广应用。对作业基础成本法给予系统解释的是哈佛大学的学者罗宾·库珀(Robin Cooper)和罗伯特·卡普兰(Robert Kaplan)。1987—1989 年,库珀先后发表了四篇文章,并与卡普兰合作在《哈佛商业评论》上发表了《正确计算成本才能做出正确的决策》一文,详细阐述了有关作业成本法的计算原理。

(四)国内研究动态

20 世纪 80 年代后期,企业管理模式由纵向一体化发展成为横向一体化,这种基于价值链的横向管理模式可以使企业在最短的时间里找到最好的合作伙伴,用最低的成本、最快的速度、最好的质量赢得市场,因此受益的不仅仅是企业个体,而是一个企业群体。企业的概念已经从一个单一企业扩展到企业外部整个供应链上的供应商和客户,即:一个价值链联盟。企业经营目标也从利润最大化发展成为价值增值最大化,价值管理已成为现代企业管理的核心内容。

1. 国内价值链理论研究

北京禧时利公司总经理张继焦在其所著《价值链管理》一书中指出,价值链管理将企业的业务过程描绘成一个价值链。也就是说,怎样将企业的生产、营销、财务、人力资源等各方面有机地整合起来,做好计划、协调、监督和控制等各个环节的工作,使他们形成相互关联的整体,真正按照"链"的特征实施企业业务流程,使得各个环节既相互关联,又具有处理资金流、物流和信息流的自组织和自适应能力,使企业的供产销形成一条珍珠般的项链——价值链。

北京航空航天大学教授王田苗从企业流程再造和信息集成的角度出发,指出价值链是企业为客户、股东、企业职工等利益集团创造价值所进行的一系列经济活动的总称。他还专门定义了价值链中的"价值"概念,认为对其可以从内外两个角度来理解:对外针对企业客户,指产品的使用价值;对内针对企业自身及其内部流程等,指产品能够为企业带来销售收入的特性,其数量表现就是在特定的时间、特定的地点顾客支付的产品价款。

上海交通大学博士迟晓英提出:虽然价值链和供应链设计的活动范围相同,但价值链集中在价值的创造,供应链注重产品的供应。

华中科技大学教授郑霖指出:供应链是价值链的一种表现形式,两者是内容和形式的哲学关系。

2. 国内价值链会计应用研究

中国人民大学副教授孙茂竹在《管理会计的理论思考与架构》中把价值链概念划分为企业内部价值链、纵向价值链和横向价值链三类,并以价值链分析作为重新架构管理会计学科的主线。

南京大学会计系的陈志斌从价值创造的角度进行了现金流管理的研究,探讨如何从战略管理和战术管理两个层面对现金流的流向、数量、流速、结构进行安全、效率和效益等方面的管理。

河南大学的冯海龙从战略管理角度探讨了价值链管理的应用,指出价值链管理在培养企业核心能力、加强企业战略联盟、提升流程能力等方面都大有用武之地。

东南大学会计系副教授陈良华在其博士论文《基于泛会计概念下的成本计量研究》中围绕基于价值管理的成本计量模式进行了研究。

胜利油田的闫洪彬通过松下公司亏损的案例,探讨了企业价值链与战略成本管理的关系,并以价值链分析的方法说明了在企业中如何实施战略成本管理。

北京工业大学教授杨松华从分析市场营销在企业价值链中的地位出发,指出企业保持战略优势的关键是控制好企业价值链中的市场营销环节,并以价值链理论为指导,运用量化分析的方法,对企业如何制定主导产品和目标市场的策略进行了实证分析。

胜利油田的杜宾在分析了企业专业化经营和多元化经营特点的基础上,运用价值链分析方法分别分析了企业专业化、纵向一体化、横向一体化以及不相关多元化的利弊与得失。

价值链分析虽然20世纪90年代就在我国管理会计等领域得到应用,但价值链会计的研究是我国著名会计学家阎达五教授首先提出的,他认为:"价值链会计是对企业价值信息及其背后深层次关系的研究,亦即收集、加工、存储、提供并利用价值信息,适时对企业价值链的控制和管理,保证企业的价值链能够合规、高效、有序运转,从而为企业创造最大化的价值增值和价值分配的一种管理活动。"他提出了价值链会计的全新概念,并给出了价值链会计理论框架的基本构建思路,从而开创了会计理论研究的新局面。阎教授等认为价值链会计是传统会计管理在价值链理论下的延伸,是对企业价值信息及其背后深层次关系的研究。价值链会计的对象是价值链信息及其所体现的经济关系,其表现形式是价值链,涉及的范围包括资金流、信息流和实物流。构建价值链会计理论框架的基本思路是,以强化价值链管理为主线,分别沿空间和时间两个维度重构会计管理框架。

3. 评述

迈克尔·波特的价值链概念为人们打开了管理的新思路。至此,以客户为出发点,以价值增值为目的,以"横向一体化"为战略的一整套管理方式正在改变着资源配置模式,从而也在改变着会计的结构。与此同时,经济和社会环境的变化对会计理论和运行系统的影响也越来越大。2003年,我国著名会计学家阎达五教授首先明确了价值链会计的概念和理论框架,其后,国内对该理论的研究人员逐渐增多,研究范围逐渐扩大,但是其研究大多停留在理论上,少有实际的应用案例。

目前,我国的理论界已经达成共识,即认为现行的会计模式已经越来越不适应社会经济环境的变化,已经远远落后于实践的要求,所以有必要对现行财务会计模式进行改进。同法务会计、社会责任会计等新兴的会计学科一样,价值链会计的产生、发展和应用,同样是对现行会计的有益补充。在我国,阎达五、王化成、戴德明、张瑞君、谢志华、陈亚民等教授的研究证明:随着IT技术的飞速发展、计算机普及、价值链理论的提出、作业成本法的应用、商誉、衍生金融工具、人力资本等的确认和计量以及多层次彩色财务报告模式等问题的出现,使得我国的价值链会计的研究和应用,不仅是必要的,而且是可能的。

总之,价值链会计可以丰富财务会计和管理会计的内容,为企业内部提供对决策有用的信息;价值链会计可以为外部提供相关有价值的信息。价值链会计的目标是实现价值链联盟的价值最大化,同时也就实现了核心企业的价值最大化。价值链会计的发展重点是价值链会计与财务会计、管理会计的不同领域的结合。

第一章 概述

第一节 价值管理—— 一个构建会计模式的新视角

我国目前正处在一场变革的初始阶段,这场变革已从根本上改变了企业及其运作模式。企业再造、过程创新等名词变得十分普通,企业的概念不再局限于企业内部组织,已扩展到企业外部整个供应链上,包括供应商和客户。影响企业经营的因素将是多方面的,成本(C)、质量(Q)、时间(T)、服务(F)、环境(E)都是促使企业赢得客户的关键竞争因素,衡量企业优势的标准不再是利润,而应该是一个综合的竞争能力指标,这个能力指标就是“企业的价值”。

一、企业价值

企业价值有两个层次。

(1)企业整体价值,它使企业未来收益资本化,即现值化。企业价值是衡量企业绩效的最全面的标准。卡普兰等认为,未来现金流量折现可以精确、可靠地描述公司价值。他们通过实证研究表明,现金流量折现与企业的市场价值密切相关。这一层次的企业价值是一个长期、动态的概念。卡普兰指出:价值之所以最佳,全在于它是要求完整信息的唯一标准。为判断价值创造,必须具备长远观点,能够在损益表和资产负债表上处理所有现金流量,并了解如何在风险调整基础上比较不同时期的现金流量。没有完整的信息,几乎无法做出妥善决定,而其他绩效标准都不需要完整信息。

(2)企业的价值活动,企业的每一项作业都产生一定的价值,扣除各种成本后,各项作业最终累计为企业价值的增值。迈克尔·波特提出价值链概念,而詹姆斯·迈天则用价值流概念来说明。在这个层次,企业的价值增值是指企业的各项价值增值活动最终累计的结果。这一层次的价值增值是一个静态的概念。企业整体的价值增值是通过企业的价值增值活动实现的,企业整体的价值增值是由长期的企业价值增值活动所决定的,或者说,是企业的价值增值活动结果的长期表现。

价值有两种表现形式。一种是企业外在价值,即企业外部投资者认定企业的投资价值,对于上市公司而言就是股票市值;另一种是企业内在价值,即客户的价值。迈克尔·波特说过:"企业的价值最终应体现为客户的价值。"所谓客户的价值是指能为客户提供利益和尽可能新的东西,包括使用功能、专有权、方便等。客户的价值可以表现为客户效用与所付价格的比。即:价值 = 效用/价格。引入客户价值观念是倡导一种经营理念。

二、价值管理

价值管理已受到现代企业的重视,并成为现代企业管理理论的核心理念。价值管理的提出,如同 20 世纪 60 年代末的"营销管理"取代"销售管理"以及 20 世纪 70 年代末的"全面质量管理"取代"产品质量控制"一样,不是简单地替代传统会计和公司理财等内容,而是一种内涵和外延升华。价值管理不再是企业的某种职能管理,而是企业经营管理的全部,是一种以价值视角看待企业的管理,是一种战略意义的管理理念。它强调的是一种整体视角和观念。"会计管理"理论发展的最大障碍是没有找出其内在核心的本质特征,因此很难划清会计管理与其他管理的界限。当时"管理活动论"的批评者针对其弱点指出:会计管理概念过于宽泛,几乎包容了管理所有内容,无法区分会计管理与其他管理的界限。其后,"管理活动论"拥护者为了反驳,也试图寻找会计事前、会计事中、会计事后管理的具体内容和界限,但结果并不理想。事实上,在企业管理的平面上,要分清企业的哪些管理属于会计管理,哪些管理不属于会计管理是不可能的,因为广义会计管理的内容几乎包容了管理的所有内容。

价值管理的实质是杨纪琬和阎达五教授所指出"会计管理"概念的内在核心,只是它更加明确地指出会计管理的本质特征。用价值管理作为"会计管理"的内在核心,可以用"价值"视角有效地区分其他管理行为,可以将传统的财务会计、管理会计、公司理财、内部控制设计等内容有效地"捏合"在"价值管理"的概念下,也可以明确地分清"会计管理"的界限。20 世纪 60 年代菲利普·科特勒等人提出的"营销管理"是一种"截面"管理概念,不完全同于以前的"销售管理"概念。"营销管理"是一种战略意义的理念。它是从整体角度看待企业管理。销售、财务、生产管理均是围绕实现营销战略支撑的职能活动,营销管理渗透到企业各个层面和各个部门。用营销的视角看待各个职能活动(例如财务、生产、供应、销售等)都属于营销管理范围。同样,价值管理代替会计也将是质的升华,它是用"价值"视角来看待整个企业,整个企业管理就是价值管理(即会计管理),销售、市场、财务、生产管理均是围绕实现价值战略支撑的职能活动。价值管理除了财务管理外还需要企业所有部门管理活动来支撑。这种价值管理已经完全不同于传统意义的会计概念,其特点表现为:①以顾客为中心。没有顾客,公司就没有真正价值。②价值管理的功能在于,为客户创造超过其成本的价值，以此赢得竞争优势。③在观念及组织权责上，财务部门的功能并不大于其他部门的功能。其他部门支持财务部门，是因为财务部门可以集中反映和转达价值增值的信息。④要整合的价值管理观念。财务部门必须与其他部门密切合作，发挥公司整体性的力量，使得公司的价值最大化。

第二节　价值链理论的发展

一、传统价值链阶段

价值链的概念是迈克尔·波特（Michael E. Porter）于1985年在其所著的《竞争优势》一书中提出的，他描述了顾客价值是如何通过一系列可以导致一个最终产品或服务的活动而形成。他认为：每一个企业都是在设计、生产、销售、发送和辅助其产品的过程中进行种种活动的集合体。所有这些活动都可以用一个价值链来表示。价值链包括基本价值活动和辅助价值活动。他认为，企业的竞争优势有很多，但是归根结底只有两种：一种是成本领先，另一种是标新立异。如果把企业作为整体来考虑，就无法识别这些竞争优势，因此，必须通过分解企业活动，考察这些活动本身及其相互之间的关系才能确定企业的竞争优势。而价值链正是用来分析和确定企业竞争优势的有力工具。从总体上看，波特的价值链理论是一个比较成型的企业战略理论。它通过竞争优势将战略制定与战略实施联系起来，弥补了企业战略领域中将两者割裂的理论的不足，对指导企业管理实践起到了非常重要的作用，在过去20年中获得了很大的发展，并被当今先进管理思想者所采用，已经成为研究竞争优势的有效工具。

二、产业价值链阶段

波特的价值链通常被认为是传统意义上的价值链，较偏重于以单个企业的观点来分析企业的价值活动、企业与供应商和顾客可能的连接以及企业从中获得的竞争优势。波特之后的价值链概念注意到了与其他企业之间的联系。Jamese Botkin 认为价值链是一个通过链中不同企业的设计、制造、组装、分销和零售的过程，这是更大范围、更为系统的概念。约翰·沙恩克（John Shank）和菲·哥芬达（V. Gowindarajan）也认为“任何企业的价值链都包括从最初的供应商手里得到原材料直到将最终产品送到用户手中的全过程”。

在最初基于制造业的观点中，价值链被看成是一系列连续完成的活动，是原材料转换成一系列最终产品的过程。新的价值链观点把价值链看成是一些群体共同工作的一系列工艺过程，以某一方式不断地创新，为顾客创造价值。价值链思想认为企业的发展不只是增加价值，而是要重新创造价值。在价值链系统中,不同的经济活动单元(供应商、企业合作者和顾客)通过协作共同创造价值,而价值已不再受限于产品本身的物质转换。

后来 Peter Hines 把迈克尔·波特的价值链重新定义为“集成物料价值的运输线”,这是另一种有关价值链的定义。与传统价值链相比其主要差别是:首先,Hines 的价值链与传统价值链作用的方向相反,Hines 所定义的价值链把顾客对产品的需求作为生产过程的终点,把利润作为满足这一目标的副产品,而波特所定义的价值链只停留于把利润作为主要目标。其次,Hines 把原材料和顾客纳入他的价值链,这意味着任何产品价值链的每一个成员在不同的阶段包含不同的企业,这不同于波特的分析,波特的价值链只包含那些与生产行为直接相关或直接影响生产行为的成员。再次,基本活动交叉功能(如在技术开发、生产作业和市场等之间)的区别,这些价值活动沿着价值链的流程比较合理地建立,而不只是存在于生产作业中。最后,现行的辅助活动包含信息技术的运用,另外,与这部分相关的利润也被看作有效完成这一过程的副产品。

随着科学技术尤其是信息技术的飞速发展,企业所面临市场的巨大转变以及市场竞争的日益激烈,价值链理论本身所具有的一些局限性也日益暴露出来,其主要表现为基本活动与辅助活动划分的局限和研究着眼点的局限。

三、供应链阶段

在 20 世纪 90 年代,一种基于价值链的企业竞争优势理论——供应链理论出现了。Janya - Shanker 认为,供应链是自治或半自治的商业实体,它们共同合作,负责管理一个或多个相关产品的采购、生产和分配活动。我国学者认为供应链就是通过计划、获得、存储、分销、服务等一系列活动,在顾客和供应商之间形成的一种衔接,由原材料和零部件供应商、产品制造商、分销商和零售商到最终用户的价值链组成,完成由顾客需求开始到提供顾客所需要的产品与服务的整个过程,从而使企业能够满足内部和外部顾客的需求。总之,“供应链是由物料获取并加工成中间件或成品,再将成品送到用户手中的一些企业和部门构成的网络”。供应链的基本假设是:价值流向顾客、定价压力流向供应商,增强了一体化的方式并显示出优化和协调供应链的必要性。其核心思想是:在保持一种稳定而有活力的供需关系的同时,多个企业实现优势互补、互利合作,充分利用现代多种先进的科学技术,合理利用资源,尽可能地获取更大的竞争优势。

供应链和价值链统一于企业及其管理实践活动之中,价值链是构成企业一切要素的总和,供应链是将企业诸要素连接成为一个整体的结构;两者的研究对象都离不开具体的企业和具体的业务,如资金流、信息流和物流等;价值链和供应链都是增值链,两者都是由市场需求拉动的,价值链决定供应链,供应链服务和服从于价值链;价值链是一种战略管理的方法,反映更深层次的内容,而供应链只涉及表层的具体的业务运作,是完成价值链管理的一种战术和手段。价值链管理的核心是如何创造价值、如何提高效益,供应链思想是如何提高企业的运行效率,从而进一步提高效益。价值链永远是企业管理研究的主题,而供应链只是对一定时期内价值链的反映,随着价值链的发展必然会出现新的表现形式,如产业链、服务链、区域链、知识链等。

四、虚拟价值链阶段

信息技术的发展展示了获得竞争优势的新领域,人们注意到信息的获取对于企业控制价值链核心资源的重要性,价值链被看成是包括信息的价值创造和利用。于是,价值链的概念发展成了虚拟价值链。“虚拟价值链”对企业的能力提供了较宽的经济规模,把顾客的知识转换到了新的产品和服务中。

Jeffery F. Rayport 和 John J. Sviokla 于 1995 年提出了开发虚拟价值链的观点,认为当今每个企业都在两个世界中竞争,即管理者可感知的物质世界和由信息构成的虚拟世界,后者主要指电子商务这一新的价值增长点。两条价值链的经济原理不同。传统的价值链对规模经济和范围的理解不同于虚拟价值链。两条价值链在管理内容、增值过程方面也是不同的。实物价值链是由一系列线性连续的活动构成,而虚拟价值链则是非线性的,有潜在的输入输出点,能通过各种渠道获得组织所需要的资源。虚拟价值链可用于实物价值链的各个阶段,水平地使价值增值,只是虚拟价值链需要在互联网上操作,它可以为企业创造价值或开辟新的市场,企业应努力把实物价值链上的每个环节结合到它的虚拟价值链上,看能否通过这种方式提高效率。通过对两种价值链价值创造过程的区别及其相互作用的理解,企业可以根据自己的组织、结构、战略观点和对这两个过程所进行的管理实践,提出新的观点和技术上的挑战。

Jefferey F. Rayport 和 John J. Sviokla 以为,创造价值已经被描述为价值链模型。而在波特的价值链中,信息只是被看作是一系列价值增值活动中的支持元素,信息技术只是产生价值的辅助因素,而其本身不是价值的来源。虚拟价值链任一阶段创造价值包含五项活动:收集、组织、选择、合成和分配信息,通过这些活动收集的原始信息可以增加价值。企业在三个阶段利用信息增加价值:第一阶段是可视化管理;第二阶段是反映能力;第三阶段是企业利用信息技术建立新型顾客关系。

20 世纪 90 年代,因特网的兴起进一步推动了价值链理论的发展。新的基于网络信息技术的价值链管理理论指出,虚拟价值链与实物价值链并行,可用于实物价值链的各个阶段,水平地使价值增值,只是虚拟价值链需要在互联网上操作,即供应商等利用因特网创造新的企业。这样,运用互联网管理就可以为企业创造价值或开辟新的市场。人们可以沿着价值链的每一个阶段,重复同样的步骤。供应商通过互联网络销售产品可以取得新的市场。企业应努力把实物价值链上的每个环节结合到它的虚拟价值链上,看能否通过这种方式提高效率。

价值链一开始只是涉及物质产品的制造方面,但到了20世纪70年代中期,价值增值已经可以通过提供服务得以实现。服务环节很大程度上依赖于信息技术的先进性。信息时代,价值越来越多地建立在信息和知识上。当服务经济转变到信息经济时,使用电子商务的优势变得更为清晰。电子商务通过因特网,以一种前所未有的方式,集成传统商业活动中的物流、资金流和信息流,同时帮助企业将客户、经销商、供应商以及员工结合在一起。电子商务对传统概念的企业价值链的影响主要有:①改变传统的采购、营销及售后服务活动的方式;②改变企业的生产方式,并对传统行业带来一场革命;③缩短价值链环节;④进行价值创新。

此外,电子商务还使得价值链的边界变得模糊,竞争也可能来自价值链之外。因为除了在价值链中获取利益外,公司也可能通过因特网建立新的产品与服务流,而不需要接触物质世界存在的复杂成本。

五、价值网阶段

随着因特网的出现,价值链理论被再次时代化。今天的数字化时代意味着企业必须重新思考如何向其顾客传递价值,企业应该用因特网取代传统的渠道,加强与商业伙伴的战略联合。为此,一些学者又进行了一些新型价值链的探讨,提出了新价值链。新价值链不是由增加价值的成员构成的链条,而是虚拟企业构成的网络,它经常改变形状、扩大、收缩、增加、减少、变换和变形,称之为价值网。

信息时代意味着企业必须重新思考如何向其顾客传递价值,加强与商业伙伴的战略联合。为此,20世纪90年代以来一些学者又进行了一些新型价值链的探讨,价值网由此产生。价值网的概念由Mercer顾问公司的著名顾问Adrian Slywotzky在《利润区》(Profit Zone)一书中首次提出。他指出,由于顾客的需求增加、国际互联网的冲击以及市场高度竞争,企业应该改变事业设计,将传统的供应链转变为价值网。价值网是“一种新业务模式,它将顾客日益提高的苛刻要求与灵活及有效率、低成本的制造相连接,采用数字信息快速配送产品,避开了代价高昂的分销层;将合作的提供商连接在一起,以便交付定制解决方案;将运营设计提升到战略水平;适应不断发生的变化”。这种新的价值链不再是由增加价值的成员构成的链条,而是虚拟企业构成的网络,是那些可用价值网络模型描述的企业缩写。价值网通过媒体技术把相互独立的客户,或是时空中的顾客相互联系起来,企业本身不是网络,而是提供网络服务,价值网强调,对任何顾客的价值决定性因素是联系顾客的网络。

价值网是一种以顾客为核心的价值创造体系,它结合了策略思考和进步的供应链管理,取代了传统的供应链模式,以满足顾客所要求的便利、速度、可靠与定制服务。传统的供应链中,消费者、公司和供应商是线性关系。价值网则是交互式的网络关系。顾客是价值网的核心,环绕在顾客之外的是企业,控制与顾客间的接触,包括取得顾客信息、维持关系、客户服务等;最外围是供应商,执行部分采购、装配与交通运输的功能。

价值网又是对价值链形态的重新塑造:一是价值链成员角色的变化,这也引起传统价值链功能的转换。二是对顾客/消费者习惯性的偏好给以快速满足,鼓励价值链成员包围他们共同的顾客,以一种新的方式满足顾客的需求。在现代商业环境中,价值网中的每一个成员重新考虑其服务顾客并与顾客保持紧密联系的方式,以及与顾客们共同创造产品和服务的方式。价值链不能推动它的成员开发有利于他们以当今要求的速度创造价值和产值的统一结构设施;价值网则促进了所有成员在完全统一的基础上的联系。这种电子方式的联系可使得各成员按日程表合作,共享资产(包括数据、信息和知识),利用彼此的互补优势和资源,一起开发、实施和完成业务。

依赖于媒体技术,价值网把相互独立的客户,或是时空中的顾客相互联系起来,企业本身不是网络,而是提供网络服务,如电话公司、零售银行、保险公司和邮政服务公司都属于这种网络中的成员。价值网强调对任何顾客的价值决定性因素是联系顾客的网络。在价值网中,每一个虚拟企业本身就像一个小型网络,它由所有的成员企业(包括合资、附属子公司)和合作伙伴所组成。由于合作伙伴的相互关系,有时很难划出微观水平和宏观水平上一个企业网的界限,但人们可以简单地把某一虚拟企业想象成总体价值网络中的一个子价值网,这个子价值网包含了习惯称作价值链的所有元素。

价值网使得价值链的边界变得模糊,竞争不仅来自于价值链本身也可能来自价值链之外。除了在价值链中获取利益外,企业也可通过互联网建立新的产品与服务流,互联网不仅是一个直接连接顾客或价值链参与者的渠道,也是一个改革的平台。它不需要接触物质世界存在的复杂成本,如果企业选择通过互联网来提供一些过去由其他企业所供给的产品或劳务来创造新价值,这种创新就会增强竞争力。

企业将来有可能共同开发使它们迅速合作的基础设施。现代技术是迅速创造竞争优势的主要战略武器,企业合作的优势将随着企业和技术设施的统一而得以扩大。企业和技术的结合产生了能够支持价值网络设施的一种新模型,这种新模型叫做价值网络管理。这是传统的供应链管理(SCM)的扩展,但又有许多不同之处。SCM 把物流看成是联系价值链各成员的关键因素,而价值网络管理能使价值网络成员在现实中交换关键信息与知识,并为共同的利益一起努力,以达到理想的效果。这种观点把价值链概念提升到更高的战略高度。以前承担生产作业的设备能力构成了价值链的基础,从一种部门集中的功能到交叉功能的企业过程,即由企业内部到企业之间,逐渐地通过创新来创造价值的能力。因此,从行业到生产系统组织,企业可以逐渐寻找合作关系和联盟,以创造新的价值链。

第三节　价值链分析的基本原理及分析方法

一、价值链分析的基本原理

竞争优势理论认为,把企业作为一个整体来看待是无法识别其竞争优势的,必须将企业的经营活动分解为:从原料供应、产品制造、产品出售以及售后服务、技术开发等一系列活动,对其逐一加以考察和分析才能找出其弱点,然后采取有针对性的战略战术化解劣势,使整个资源得到最佳配置和有效利用,从而赢得竞争优势,所以,这就需要进行价值链分析(Value Chain Analysis)。

价值链概念是迈克尔·波特教授首先提出来的,他认为每一个企业都是在设计、生产、销售、发送和辅助其产品的过程中进行种种活动的集合体,所有这些活动都可以用一个价值链来表示。一个企业的价值链和它所从事的单个活动的方式反映了其历史、战略、推行战略的途径以及这些活动的根本效益。价值链由价值活动和利润组成,价值活动是企业所进行的在物质形态上和技术上都有明确界限的活动,它是企业赖以创造出对客户有价值产品的基础,利润则是总价值和进行价值活动的成本总和之间的差额,如图1-1所示。正是价值链把企业分解为战略上相互联系而又各不相同的价值活动,于是,才得以分析各个价值活动并理解企业的竞争优势。

价值活动分为基本活动和辅助活动两大类。基本活动是在物质形态上制造产品、销售和发送至客户手中以及在售后服务中所包含的各种活动,是企业价值活动中最主要的和最明显的;而辅助活动也是必不可少的,它通过提供外购投入、技术、人力资源和各种企业范围职能来辅助基本活动并支持整个价值链。随着信息技术和知识经济的发展,辅助活动在企业价值链中的地位将越来越重要。

基本活动包括:①内部后勤:指与接收、存储和分配相关联的各种活动,如原材料的搬运、仓储和库存控制等。②生产经营:指将各种投入转化为最终产品相关联的各种活动,如机械加工、组装、设备维修等。③外部后勤:指与集中、仓储和将产品发送给买方相关联的各种活动,如产成品库存管理、送货车辆调

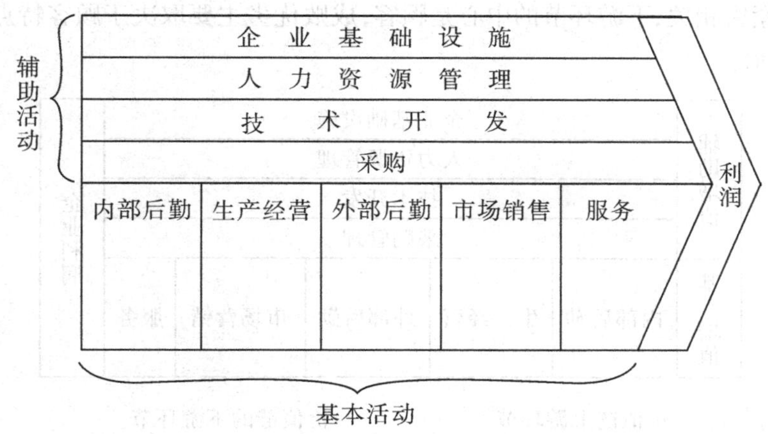

图 1-1　基本价值链图

度、订单处理等。④市场营销:指与提供一种买方购买产品的方式和引导它们进行购买相关联的各种活动,如采用广告、人员推销等方式进行的促销、定价、渠道选择等。⑤服务:指因购买产品而向顾客提供的、能使产品保值增值的各种服务,如安装、维修、零部件供应等。

辅助活动包括:①采购:指购买用于企业价值链各种投入的活动,一般包括原材料、储备物资、机器、实验设备等方面的购买,除此之外,还包括与此有关的多项活动,如运输服务、中介机构提供的服务等。②技术开发:每项价值活动都包含着技术成分,无论是技术诀窍、程序,还是在工艺设备中所体现的技术。技术开发由一定范围的各种活动组成,这些活动可以被广泛地分为改善产品和工艺的各种努力。技术开发可以发生在企业中的许多部门,与产品有关的技术开发对整个价值链均起到辅助作用,而其他的技术开发则与特定的基本活动和辅助活动有关。③人力资源管理:指与各种人员的招聘、培训、职员评价以及工资、福利相关联的各种活动。它不仅对单个基本或辅助活动起作用(如工程师的雇佣),而且支撑着整个价值链(如劳工谈判)。④企业基础设施:企业基础设施由大量活动组成,包括总体管理、计划、财务、会计、法律、政治事务和质量管理等。它与其他辅助活动不同,它不是通过单个活动而是通过整个价值链起辅助作用。

价值链各环节之间相互关联,相互影响。一个环节经营管理的好坏可以影响到其他环节的成本和效益。根据产品实体在价值链的各环节的流转程序,企业的价值活动可以分为“上游环节”和“下游环节”两大类。在企业的基本活动中,内部后勤、产品开发、生产经营可以被称为“上游环节”,外部后勤、市场营销和售后服务可以被称为“下游环节”。上游环节活动的中心是产品,与产品的技术特性紧密相关，下游环节的中心是顾客，成败优劣主要取决于顾客特点，如图1－2所示。

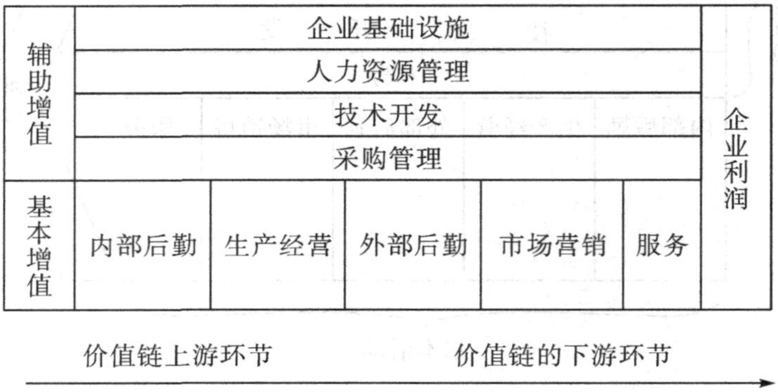

<table>
<tr><td rowspan="4">辅助增值</td><td colspan="5">企业基础设施</td><td rowspan="5">企业利润</td></tr>
<tr><td colspan="5">人力资源管理</td></tr>
<tr><td colspan="5">技术开发</td></tr>
<tr><td colspan="5">采购管理</td></tr>
<tr><td>基本增值</td><td>内部后勤</td><td>生产经营</td><td>外部后勤</td><td>市场营销</td><td>服务</td></tr>
</table>

价值链上游环节　　　　价值链的下游环节 →

图1－2　价值链及其构成图

不管是生产性还是服务性行业，企业的经营活动都可以用这个价值链来表示，但是不同的行业价值链的具体构成并不完全相同。同一环节在各行业中的重要性也不同。例如，对于批发商而言，进货与发货的后勤管理最为主要；对于复印机生产企业而言，服务可能会成为竞争优势的核心来源；对于高新技术企业而言，人力资源管理和技术开发就是企业的生命。

由此可见，价值链分析具有以下特点：

（1）价值链分析的基础是价值，而不是成本。价值链分析的基础是价值，价值是买方愿意为企业提供给他们的产品所支付的价格，一般用总收入来衡量。价值是企业一切活动的核心，企业不仅谋求总收入最大与总成本最低，更要讲究盈利最大化。价值链管理是以价值为基础的企业综合管理，同时，价值链分析把问题的着眼点放在了企业的外部，而不是企业的内部，具有一定的现实指导性。

（2）价值链主要由各种价值活动构成。价值活动是企业所从事的物质和技术上的界限分明的各项活动。价值活动有两大类，即基本活动和辅助活动。

（3）价值链列示了总价值。价值链除包括价值活动外，还包括利润，利润是总价值与从事各种价值活动的总成本之差，因此，价值链也列示了总价值。

（4）企业的价值链不是孤立存在的。企业的价值链体现在更广泛的价值系统中：供应商价值链、企业价值链、渠道价值链和买方价值链，如图1－3所示。供应商拥有创造和交付企业价值链所使用的外购输入的价值链（上游价值），产品通过渠道价值链（渠道价值）到达买方手中，企业产品最终成为买方价值链的一部分。这样，企业的自身活动通过与上下游企业的供需联系组成一个环环相扣的链条,这个链条决定着企业为顾客创造价值的大小和竞争优势的高低。因此,获取并保持竞争优势不仅要理解企业自身的价值链,而且也要理解企业价值链所处的价值系统。

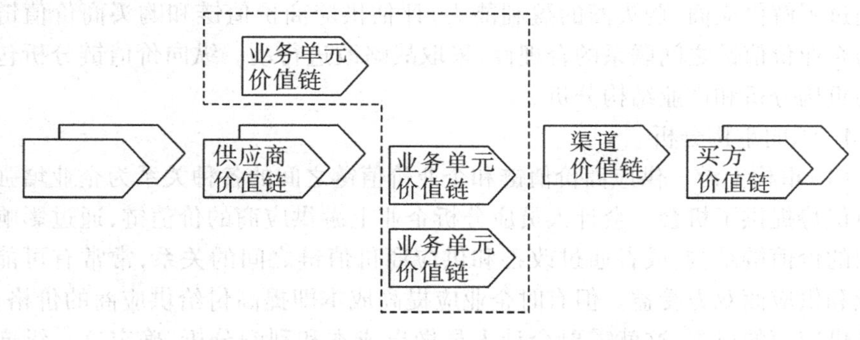

图 1－3　价值系统图

(5)在同一产业中,不同的企业具有不同的价值链。虽在同一产业,但不同的企业价值链则不同,这反映了它们各自的历史、战略以及实施战略的途径等方面的不同,同时也代表着企业竞争优势的一种潜在来源。企业的效率或者竞争优势来源于价值活动的有效组合,来自于价值链的优化,也是企业不同于或者优势于其他企业的特质,企业的竞争成功就是产生于合理的价值链设计。

(6)对同一个企业而言,在不同的发展时期,会有不同的价值链。这一方面表明企业的价值链具有动态发展性,另一方面还说明企业的竞争优势也是在不断发展和变化的。

二、价值链分析方法

由于以作业链为基础的价值链是企业是否具有竞争优势的重要条件,因此,各个企业都在积极地寻找优化价值链的方法。价值链包括价值生产活动的整个过程,而企业则是价值生产过程整个系列中的一个部分。价值链分析就是要通过从战略上对纵向价值链进行分析以了解企业在行业价值链中所处的位置;通过企业内部价值链分析以了解自身的价值链;通过对竞争对手的价值链分析以了解自己所处的竞争环境;通过对社会价值链的分析以了解企业与外部物质世界物质交换的价值关系。

(一)纵向价值链分析

纵向价值链主要反映从资源到产品的价值运动过程,主要是对供应商价值链和购买商价值链及其与本企业价值链之间的联系的分析。要充分考虑企业在纵向价值链中占有哪个或哪几个环节,是进入还是退出某个环节,同时加强上游(供应商)或下游(销售渠道、顾客)的联系,以整合企业的纵向价值链。其主要目的在于建立同供应商和购买商的战略合作伙伴关系,降低采购成本,形成稳定的销售渠道,扩展企业产品的市场份额,增强产品的市场竞争力,求得相对成本的降低。纵向价值链分析主要涉及企业自身的定位问题,具体来讲,可以通过了解供应商、购买商的盈利能力,评估供应商价值链和购买商价值链及其与企业价值链之间联系的合理性,采取战略改进行动。纵向价值链分析包括纵向重构分析和产业结构分析。

1. 纵向重构分析

(1)重构上游。供应商价值链和企业价值链之间的各种关系为企业增强其竞争优势提供了机会。会计人员应分析企业上游供应商的价值链,通过影响供应商的价值链结构,或者通过改善和供应商价值链之间的关系,常常有可能使企业和供应商双方受益。但有时企业应提高成本即提高付给供应商的价格,以弥补供应商的成本,这就需要会计人员做出成本和利润分析,确定这一纵向重构是否有利可图,并确定企业与供应商谈判时的标准。

(2)重构下游。销售渠道的各种联系与供应商的联系类似。销售渠道对企业销售价格的抬高在最终用户的销售价格中占很大比例。与供应商的联系一样,对于销售渠道的联系进行协调和综合优化也能够带来竞争优势,但面临的问题同优化中带来的收益并存。

2. 产业结构分析

如果从更广阔的视野进行纵向价值链分析,就是产业结构的分析,这对企业在进入某一市场时如何选择入口及占有哪些部分以及在现有市场中外包、并购、整合等策略的制定都有极其重大的指导作用。

(二)横向价值链分析

横向价值链主要反映同类产品在不同的生产者之间的价值运动过程,要充分考虑企业目前和潜在的竞争对手,力争获取竞争优势。竞争策略主要有两种:低成本策略及差异化策略。采用低成本策略的公司可采用低价格来扩大市场占有率,也可以因竞争者削价而仍享有比竞争者高的利润。差异化策略主要是使消费者认为本公司的产品或服务的某项特性比其他公司为优。企业要面临现实和潜在的竞争者,就不得不为了获得竞争优势而形成产品差异,努力降低成本。企业可以通过对竞争对手的价值链进行分析,了解竞争对手的成本情况,评估其价值链的合理性和科学性,将竞争对手的成本优势准确地定位于价值链之中,采取消除成本劣势,创造成本优势的降低成本行为。在实务操作中,会计人员可以制作本公司与主要竞争者的“价值链成本分析比较表”,找出与竞争对手在作业活动上的差异,扬长避短,选择适合本企业的竞争策略。

(三)内部价值链分析

内部价值链指的是企业的内部价值运动。商品通过在企业内部价值链上的转移完成了价值的逐步积累和转移，最后转移给企业外部的客户。企业凝聚在产品上的价值转化为客户的认知价值，即顾客价值具体表现为顾客对所取得的产品愿意支付的价格，由此形成了企业的收入。价值链理论认为，通过优化"价值链"尽可能提高"顾客价值"是提高企业竞争优势的关键。

内部价值链分析始于原材料、外购件的采购，而终于产品的销售——顾客价值的实现。其目的是找出最基本的价值链，通过对企业价值活动的成本和价值的比较，分析企业生产作业的成本动因及与竞争对手的成本差异，区分增值与非增值作业，尽可能消除非增值作业，同时探索提高增值作业效率的途径，减少其资源的占用和消耗，推进价值活动的优化与相互协调，并为实现企业竞争优势而进行成本改善。具体来说，可以先确认价值链中的单项价值活动，分摊单项价值活动应分摊的成本，然后评估单项价值活动的成本及其对顾客满意的贡献，找出企业内部各单位价值链之间的联系，评估单元价值链之间联系的协调性，采取改进行动。优化内部价值链要求会计人员协助企业做如下工作：①找出产生顾客价值的主要作业活动；②剔除不增加顾客价值的作业；③对于增加顾客价值的作业寻找各种降低成本的可能性或提高顾客价值的差异性策略；④决定最佳的竞争优势策略。

无论是采用降低成本的方法，还是采用差异化策略，企业都应当始终围绕增加顾客价值这一中心，对客户需求作出快速反应，如果企业在优化内部价值链方面取得了优于竞争对手的成果，更好地满足了客户的需求也就赢得了竞争优势的基础。

企业通过纵向价值链分析明确自己的战略地位和战略目标，为实现企业总体的经营目标，通过一系列的科学的预测、决策程序来确定企业的短期经营、长期投资各方面认为最满意或可行的决策方案。然后再对决策方案中的材料采购、产品销售等环节进行预算分析，以加强企业与供应商及顾客之间的协作关系。企业通过横向价值链分析，从整个产业的角度对现有及潜在的竞争对手的成本信息、营销手段及市场占有率等外部环境进行全方位的市场调查、资料搜集以确认企业在产业链条上所处的位置，从而了解企业自身所处的战略地位及发展前景，评价自身的竞争优势与劣势，据此制定战略决策方案，降低企业相对成本，达到提高竞争地位的战略目标。企业通过内部价值链分析，全面、细致地了解生产运作过程中的作业链条上哪些作业能够产生价值，哪些作业不能产生价值而增加了作业成本，如产品的设计、包装、销售等方面的作业能够产生价值，而存货的存储、分类、整理等方面的作业则不能产生价值。通过分析可以帮助企业运用现代的高新技术，采用先进的管理形式，使不增加价值的作业得以有效的缩减甚至消除，从而使增加价值的作业能够围绕顾客的需要展开，充分显示其具有独创性的一面。

第四节 价值链管理

价值链管理(Value Chain Management),按照字面的理解是指对价值链的管理,将企业的业务流程描绘成一个价值增值和价值创造的链状结构。具体地说,就是怎样将企业的订单、采购、生产、营销、财务、人力资源等各方面有机地整合起来,做好计划、协调、监督和控制等各个环节的工作,使它们形成相互关联的整体。真正按照“链”的特征实施企业的业务流程,使得各个环节既相互关联,又具有处理资金流、物流和信息流的自组织和自适应能力,使企业的供、产、销系统形成一条珍珠项链——“价值链”,这就是价值链管理系统所要解决的问题。价值链管理实际上是一个围绕价值增值,不断协调和优化价值链的过程。

一、企业价值链管理存在的问题

通过实施价值链管理,企业能够有效管理创造价值的作业,增进顾客价值和企业价值,为企业的改革和发展指明方向。而目前我国企业在价值链管理的应用方面还存在一些问题,需要加以完善。

(一)对价值链管理重视不够

很多企业并没有真正将价值链思想运用于管理实践,没有利用价值链管理来发挥其竞争优势。管理者仍然以产品价格作为基本竞争手段。最近几年,中国家电行业的价格战就是最显而易见的例子。价格优势并不是长久之计,任何产品价格的优势如没有以价值链管理为核心,优势将会转瞬即逝。世界大型的跨国公司为什么能长盛不衰,其重要的一个原因是让价值链管理发挥其在竞争中的作用,而不是仅仅为追求市场份额或短期利益进行价格大战。

(二)结构不合理,供、产、销脱节

我国传统国有制造型企业的管理体制与运作模式存在诸多弊端,其生产系统往往只考虑生产过程本身,而没有考虑生产过程以外的因素对企业竞争能力的影响,更没有全面地考虑企业整个供、产、销的价值链。三大系统基本上各自为政,各管一段,价值链上的节点相互脱节。这种结构上的不合理,造成价值链各环节联结不畅通,无法形成竞争力。

(三)部门主义严重

我国企业大多是以部门为单位进行核算和实行激励的机制,造成企业内部各个部门在工作中不是从企业全局的角度考虑问题,而是片面地追求本部门的利益,孤立地评价部门业绩,造成了企业物流和信息流的扭曲和变形以及资金和人力资源的浪费。企业无法整合各种现有资源,更无法形成具有竞争力的价值链。

(四)信息管理落后

至今我国不少企业在收集、整理和传递信息数据时,依然采用手工处理方式,企业内部信息系统不健全、数据处理技术落后;没有充分利用 Internet(互联网)、EDI(电子数据交换)等信息技术手段;信息不全、不准、传递不及时,管理不能集成。信息技术作为优化价值链的重要手段,如果不能进行有效管理,则价值链就无法协调高效地运作。

二、优化价值链管理的策略

针对以上存在的问题,我国企业需要采取有效措施来优化企业价值链管理,提高管理水平,为价值链会计的实施提供更好的平台。具体可从以下方面进行:

(一)管理思想创新

首先从思想意识上,应更新观念,将传统的内部管理模式转变为信息化和价值化的管理模式。企业应该以价值管理为核心理念,以可持续发展代替利润最大化,以公司市场价值代替市场份额为目标,采用信息时代竞争与合作并存的双赢战略,而不是传统的你死我活的零和博弈。各节点企业要乐于与其他企业进行合作,在合作方之间建立利益共享、风险共担机制,同时要形成以核心价值观为主的企业文化,这是推行价值链管理的基本导向。

(二)面向客户

价值管理所强调的企业价值将是一个以客户为本,以客户价值增值为出发点的价值概念。客户是价值链的载体,企业实施价值链管理的最终目标是达到顾客满意,即通过降低顾客成本,实现顾客价值的最大化。企业的竞争优势归根结底也产生于企业为客户所能创造的价值。德鲁克说过:企业的价值最终应体现为客户的价值。因此,优化价值链管理,企业首先要转变经营理念,以顾客为导向,树立企业的一切价值增值活动都以客户为中心的观念,站在客户的角度选择产品制定战略,参与价值链管理,通过价值链上企业紧密合作为客户提供价值来获得价值增值,从而保证客户价值最大化。

(三)重组业务流程

随着市场竞争的剧烈化,竞争的焦点从产品或服务的生产、制造、营销、财务等具体部门的管理转移到从整体上考虑企业的组织结构、运作机制等系统性的流程因素上。企业的核心能力与可持续的竞争优势,都将来自于企业所独有的、不断变革的、可以提高顾客满意度的组织结构和业务流程。因此,进行业务流程重组可以达到客户满意,提升企业的持续竞争力。我国企业首先应该真正按照“链”的特征改进企业的业务流程。具体地说,就是怎样将企业的生产、营销、财务、人力资源等方面有机地整合起来，做好计划、协调、监督和控制等各个环节的工作，使它们形成相互关联的整体。进行业务流程重组，需要重新审视企业的价值链，通过功能成本的比较分析，确定企业在哪些环节具有比较优势；改造原有流程的路径、工作环节和步骤划分，建立企业的核心流程，进行价值链和价值系统的再建、管理和创新，最终优化业务流程。

(四)培育核心能力

核心能力指的是企业的知识、管理方式、商誉和企业文化。随着市场竞争的加剧和经济全球化的发展，企业之间的竞争已不仅仅是企业某一个部门或某几个部门间的竞争，而是以核心能力为基础的整个价值链的竞争。增强核心竞争力是价值链管理的根本所在。但是企业参与的价值活动中，并不是每一环节都创造价值。实际上，只有某些特定的价值活动才创造价值。这些真正创造价值的经营活动就是价值链上的战略环节，即形成企业核心能力的环节。

因此，企业要保持竞争优势，实质上就是要保持价值链上某些特定的战略环节上的优势。对于战略环节，应运用价值链的分析方法来确定核心能力，密切关注所掌握的资源的状态，把战略环节紧紧地控制在企业内部。对于非战略环节，应实施价值链的外包，将其外包给其他企业来降低成本，引进和利用外部资源，集中力量培育企业的核心能力，以巩固和提高企业在行业内的持续竞争优势。不同的企业都自己不同的独特的核心能力。企业可以通过各个领域如产品研发、市场营销、组织结构、信息技术等方面培育核心能力，赢得企业持续发展的竞争优势。例如著名的体育用品制造商耐克公司的竞争优势就在于设计和营销环节，而在生产环节上其本身并没有多大的优势。它的竞争优势来自于价值链布局所形成的强大的组织体系，遍布全球的组织结构和维修服务网络是其他企业难以企及的。

(五)组织再造

中国大部分企业的组织体系都是基于职能部门来划分的，各个部门往往从部门利益和短期效益出发，各部门之间没有建立相互信任与合作关系，致使市场响应滞后和用户服务不到位，很难适应快速变化的市场竞争。优化价值链管理，企业必须考虑价值链管理的组织再造问题，重构适应价值链管理的组织体系，使企业内部各个部门乃至分布于各地的分支机构一道协同工作，使得整个企业流程达到最优的运行效果。在组织再造时，应建立基于价值链管理的一种动态的、变动的组织结构，并进行定期或不定期的调整来加强价值链管理，以适应客户、市场和竞争对手的变化。例如摩托罗拉、联想等很多知名企业在每年的年终和年初都要对组织结构进行调整。

(六)加强信息化建设

在网络技术迅速发展的今天，企业能够获取最快最新最全的信息是增强企业竞争力的一个重要手段。信息的有效集成和共享可以使企业及时、全面地了解各方面情况,有助于企业加强成本管理,减少资源浪费,优化价值链管理。对企业价值链的有效管理要求集成分散于各个部门的关键数据。这些数据包括生产计划、生产量、订货预测、库存状况、缺货情况、销售额、运输安排、在途货物等信息数据。信息集成必须贯穿于价值链管理的整个过程。目前,我国已有一些企业使用或开始使用 Internet 信息技术对价值链全程进行网络化的数据库管理,公司内部的各部门及各公司有关人员(主要是部门经理以上的管理人员)可以共享采购订单的电子接收与发送、多位置库存控制、批量和系列号跟踪、周期盘点等重要信息。价值链的优化需要技术支持,企业可以通过构建 ERP 管理信息系统来进行信息集成。ERP 是基于价值链管理的现代管理信息系统,也是企业实现价值链管理的先进技术手段,其核心就是实现对整个供应链的有效管理,它把企业和供应商、客户等市场要素结合起来,并将企业内部的采购、开发设计、生产、销售进行整合,使企业能够对人、财、物、信息等资源进行有效的管理与调控,提高资源运作效率。在 ERP 环境下,价值链管理得到运用和发挥,同时也加速了会计的变革。总之,应该以顾客需求为导向,以核心企业作依托,通过业务流程和组织结构重组,增强企业核心竞争力和加强信息化建设来优化价值链管理,提高经营管理水平,为价值链会计的有效实施提供良好的平台。

企业实施价值链管理的根本在于通过优化核心业务流程,帮助企业建立一套与市场竞争相适应、数字化的管理模式,弥补我国企业长期以来在组织结构设计、业务流程和信息化管理等方面存在的不足,从整体上降低企业组织和经营成本,控制经营风险,最终提高企业管理水平和经营效益,增强企业的综合竞争优势,实现价值增值。企业实施价值链管理的目标在于通过重新审视、设计和优化核心业务流程、组织结构和信息流等,由职能型向流程型转化,由此降低企业组织和经营成本,控制经营风险,最终提高企业的效率和效益,增强企业的综合竞争优势。

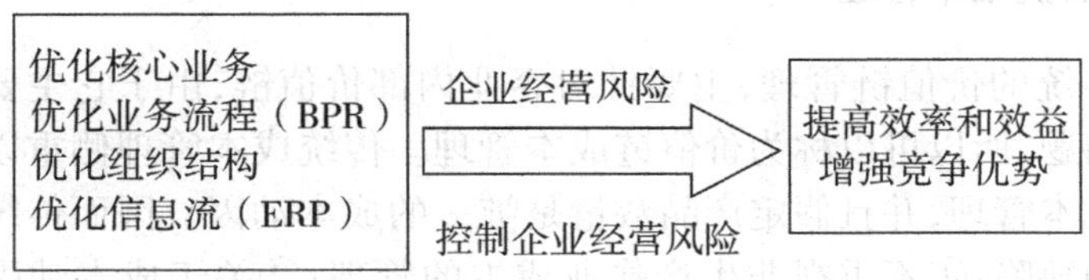

图 1－4　实施价值链管理内容与目标图

价值链管理以客户不断变化的需求和竞争日益激烈的市场为背景,以流程管理为主线,基于企业内部,面向客户和企业价值链。其特征为:管理由“职能型”向“流程型”的转变；形成集成化的价值链条；建立面向客户关系的价值链管理。企业的工作流、组织结构和管理制度、核心竞争力的几个主要的企业管理要素及其相互关系如图1－5所示。

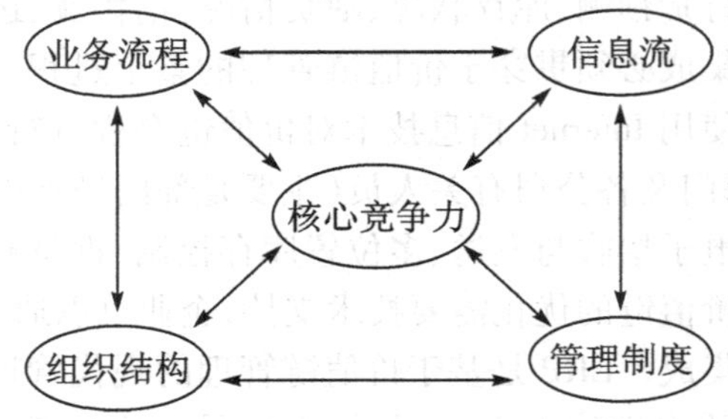

图1－5　价值链管理各因素关系图

价值链管理是对供应链管理的新发展，把客户关系管理也纳入其范畴，其基本思想是以顾客需求为导向，以核心企业作依托，以提高市场占有率、客户满意度，增强企业竞争力的基于价值链理念的一种集成的管理思想和方法。它注重价值链上企业间的合作，把不同企业的人、财、物和市场等要素集成起来以使整个价值链的价值得到提升。企业关心的将不仅仅是企业自身，而是整个价值链的集成利益和发展能力。

价值链管理包括对企业内部价值链、纵向价值链和横向价值链的管理。内部价值链管理主要解决降低企业内部成本问题，如管理成本、生产成本、储存成本等。纵向价值链管理主要解决企业的产业定位问题，如产业进入和退出、纵向整合，即企业究竟应该在整个纵向价值链中占据多长。横向价值链管理主要解决企业的竞争优势问题，即企业与相同地位的竞争对手相比，如何提高竞争能力。

三、价值链成本管理

基于传统的价值链管理，主要针对企业内部价值链，由于它主要解决企业内部成本问题，所以可以称为价值链成本管理。传统成本管理侧重以产品为核心的生产成本管理，并且假定产品数量是唯一的成本动因。因而传统成本管理有着明显的缺陷：①不重视非生产作业成本的管理；②关于成本动因的假定阻碍了企业对深层次成本动因的探索和控制，它已经越来越不适应当前产品生产成本比重大幅下降的新的制造环境。价值链全面描述了企业的作业系统，由于它决定着企业竞争优势（成本优势或差异化优势），因而成本管理应当以价值链为基础，从决定成本的作业及由作业构成的价值链入手，研究成本问题，极具战略意义。

与传统成本管理相比，价值链成本管理具有如下基本特征：

（一）相对性

成本的降低有绝对成本降低和相对成本降低。绝对成本降低是通过一定的途径使成本的发生额低于一定的水平（标准或预算）。相对成本降低是将成本与作业的质量、效率以至最终与企业效益联系起来，它并不单纯追求成本绝对额的降低，而是追求成本效益的不断提高。

（二）本源性

价值链成本管理的出发点，从研究导致成本发生的作业及作业结构开始，通过对作业及作业结构的优化、改造来达到提高成本效益的目的。因而这种成本管理抓住了成本问题的关键，具有本源性。

（三）广泛性

价值链成本管理在研究成本问题时不仅要考察生产作业，还要考察非生产作业；不仅要考察本企业的价值链，而且要考察竞争对手、供应商、销售渠道、顾客甚至整个行业的价值链，以寻求广泛提高本企业成本效益的途径。

（四）系统性

价值链成本管理追求的是整个价值链效益的优化，这就要求成本管理要从系统的观点出发，正确地处理作业与作业之间、业务流程与业务流程之间、本企业价值链与供应商、销售渠道之间的关系，通过优化这些关系来提高整个价值链的效益，而不能为获得局部利益损害整体利益，也不能为了短期利益而损害长期利益。

四、价值链管理的分解与整合

信息技术的发展和电子商务的盛行，促使了许多新的价值链理论的出现，相应地，价值链管理也出现了新的发展趋势，纵向和横向的价值链管理受到了越来越多的关注。为适应价值链结构的日趋复杂，价值链管理也发生着分解与整合，这是纵向价值链管理的一种体现。

由于消费者的需求日益多样化，要求社会分工更加细化，一种产品或服务所形成的价值链过程已经很少能由一家企业独自完成，因为任何企业所拥有的资源都是有限的，它不可能在所有的业务领域都获得竞争优势。企业为摆脱竞争中的劣势，必须培育自己的核心竞争力，将有限的资源集中在核心业务上，而把企业的非核心业务交由合作企业完成，并充分发挥其优势。于是价值链就开始分解，一些新的企业加入价值链，并在某个环节建立起新的竞争优势，致使该环节的价值增值加大而成本降低。保持核心业务的企业，从自己的比较优势出发，选择某一或若干环节培育并增强其竞争能力，重新确立自己的优势地位，以使自己在本行业及相关行业的竞争中立于不败之地。

价值链的不断分解，使市场上出现了许许多多相对独立的具有一定比较优势的增值环节，这些原本同属于某个价值链的环节一旦独立出来，不只局限于原来的价值链，它也可能加入到其他相关的价值链中。于是出现了新的市场机会——价值链的整合，即根据市场资源，设计一条新的价值链，连接市场中的最优环节，创造出新的价值。如在一个完整的价值链中，几家甚至多家企业以核心企业为龙头，各自选择能发挥自己最大比较优势的环节，共同完成价值链的全过程，实现投入产出比的最大化。当今技术进步的不断加快，引发企业生产能力的日趋过剩和市场竞争的加剧，致使价值链的分解与整合成为价值链管理的必然趋势。

五、价值链管理的横向一体化

在横向价值链管理方面，伴随着信息化和全球化的浪潮，企业的价值链管理出现了“横向一体化”（Horizontal Integration）的趋势。多年来，企业出于管理和控制上的目的，对为其提供原材料、半成品或零部件的其他企业一直采取投资自建、投资控股或兼并的“垂直一体化”（Vertical Integration）管理模式，即核心企业与其他企业是一种所有权关系。推行“垂直一体化”的目的，旨在加强核心企业对原材料供应、产品制造、销售全过程的控制，使企业能在市场竞争中掌握主动，从而增加各个业务活动阶段的利润。

随着科学技术的迅猛发展，特别是信息技术、网络技术的飞速发展和广泛应用，企业生存的外部环境发生了根本变化，一方面技术变革缩短了产品的生命周期，新产品不断升级换代，新产品和新技术的开发日益艰难，单个企业的经营资源已无法满足企业生存和发展的需要；另一方面，顾客的个性化要求增强，在一定程度上扼制了企业的规模化和标准化发展，多品种小批量生产成为主导生产方式。敏捷生产成为企业经营的必然选择。采用传统垂直一体化管理的企业，需要大量的资金投入，还势必形成复杂的企业组织结构，使内部分工过于精细，价值流程日趋复杂，价值流程中的许多环节与顾客要求脱节，导致市场反应迟缓，管理效率低下。作为横向一体化的核心企业，一方面，必须把自己的管理活动延伸到供应商、渠道商、客户乃至供应商的供应商、客户的客户，在制定战略目标和行动计划时，应充分考虑合作伙伴资源的优化配置；另一方面，通过重构组织结构以适应横向一体化的需要。因此，企业必须对合作伙伴进行认真评估和严格挑选，使所有成员都能减少重复建设、重复劳动，在缩短价值链总周期时间的共同目标下制定自己的经营战略并且保持同步发展。

所以，科学技术的不断进步，必将使企业价值链管理朝着横向一体化趋势发展，使价值系统内的各企业通过资源优势互补、横向自主管理，并借助于信息网络技术及并行的作业分布模式，对市场环境做出迅速反应，在获取竞争优势的同时实现共同目标，创造最大价值。

第二章　价值链会计的提出

第一节　价值链理论对传统会计的冲击

由于会计环境的巨大变化，现有会计体系呈现出固有的缺陷，会计变革迫在眉睫。而价值链理论为会计变革的方向提供了一个理想的选择，即构建基于价值管理的会计体系——价值链会计。

一、传统会计模式本身的缺陷

当前对财务会计的批评集中于财务会计无法反映企业价值的信息。如：①现行财务报告对前瞻性信息披露不足，传统财务会计主要是事后的反映和控制，其披露的信息带有滞后性，而当前的会计信息使用者则越来越多的要求获得最及时的和具有前瞻性的会计信息，以满足其进行投资和管理决策的要求，依靠传统的财务会计模式则无法达到这一要求。②现行财务报告对无形资产信息披露不足。传统的财务会计可以精确地计算实物资产的增减变动情况和单位价值，并据此比较精确的预计出未来可以实现的收益。但是对于知识经济和信息时代下越来越多的无形资产，尤其是数字化产品，还无法真实、准确地反映其价值。③现行财务报告对非财务信息等披露不足。现在的投资者、管理者等会计信息相关人不仅要求得到更具有前瞻性的信息，而且也要求获得更多更广泛的信息，包括大量的非财务信息，如供应商和客户信息、企业组织结构、专有技术等，这在传统的财务报告中都没有得到反映。

至于管理会计更是众矢之的。哈佛大学商学院卡普兰教授在20世纪80年代就指出管理会计的相关性已经消失，传统的管理会计忽视了新的制造环境和新的管理理念。如，在信息时代的竞争环境下，产品寿命周期逐步缩短，许多先进企业已经实行适时制(JIT)制造方式，实现了零存货。在这种情况下，管理会计传统知识中的“经济订货量”、“最佳生产批量”等方法已经没有意义。管理会计领域所涌现的各种新的理念和方法，如价值链、供应链管理、EVA(经济增加值)业绩评价体系、作业成本计算和作业管理、平衡记分卡、精益制造思想等，又无法较好地融入现行管理会计理论体系之内。管理会计的内容变得繁

杂,而又缺少系统性。可见,变革现行的会计模式已是大势所趋。

二、企业经营理念的变化带来的冲击

从20世纪80年代后期,价值链理论的出现以及价值链管理的广泛运用给传统会计带来了巨大的冲击。特别是当企业管理模式由纵向一体化发展成为横向一体化后,这种基于价值链的横向管理模式,可以使企业在最短的时间里找到最好的合作伙伴,用最低的成本、最快的速度、最好的质量赢得市场。并且企业的概念从单一企业扩展到企业外部整个供应链上的供应商和客户,即一个价值链联盟。企业经营目标也从利润最大化发展成为价值增值最大化,价值管理已成为企业管理的核心内容。价值管理方式对会计信息的质和量提出了更高的要求。

然而,传统会计系统不能满足这些要求。传统会计系统是一个与业务系统相对隔绝的自成体系系统,交易信息是通过记账凭证记入系统。由于凭证编制时间总是滞后于经济业务发生的时间,因此许多重要的信息不能第一时间反映给决策者。相对封闭的会计系统也无法做到会计信息流与资金流、物流和人流的同步,因此大量经济活动信息被会计核算过滤掉,降低了决策的有效性。

三、信息理论、计算机技术和网络技术的应用发展带来的影响

信息理论、计算机技术和网络技术的应用发展使企业的各个方面都受到了前所未有的冲击,也改变了会计传统的作业方法、工作流程和工作重点,对会计学提出了新的挑战。企业内部网的建立与运用使企业内信息得以共享,打破了企业内各职能部门间的界限,使企业组织渐趋扁平化、网络化;企业通过因特网以及基于因特网的EDI(电子数据交换)、电子商务等,可以方便、实时、低成本地与顾客交易,更直接地把握顾客的需求,使企业与顾客的交流和交易方式呈现出新的特点;企业与企业之间可以利用网络技术建立动态联盟,形成虚拟企业,增强竞争能力;IT技术的应用使企业更易于整合、重组其业务流程,企业可以围绕企业目标和具体项目,跨越时空、人员的限制,进行优化组合。

传统会计系统以会计核算为主,随着新技术的广泛应用,会计的实时处理成为可能。会计人员将从繁琐的记账、算账和报账工作中解脱出来,会计人员的工作重点将转向会计分析和会计检查。

四、价值链会计对传统会计理论的突破

任何事物都在不断的发展中,理论经过不断的发展才能指导实践。会计理论不能局限于一种适合各种需要,永恒不变的模式,需要不断地拓展,创新。价值链会计的创新在于,它打破了传统会计理论的局限,拓展了会计理论的时间

观和空间观。会计时空观是构架会计理论与方法的哲学。

(一)价值链会计空间观

空间,是指运动着的物质的伸张性和广延性,一定的空间范围对物质运动的发展有制约和影响作用。价值链会计在会计管理空间范围上的创新主要表现在会计主体、核算对象、会计目标。

(1)价值链会计主体。会计主体理论是会计的一个基本理论,会计主体用以界定会计管理的对象范围。原有的会计理论一般认为会计主体只能是某一特定单位,它可以是一个法律实体,也可以是一个非法律实体。但价值链会计把原来以单一企业形式存在的会计核算主体扩展为以价值链联盟形式存在的会计管理主体,为会计主体赋予了新的含义。价值链联盟是一个业务相关的动态企业联盟,涵盖了核心企业、供应商、分销商、服务商和客户。会计管理的对象是价值运动也就是资金运动,会计管理主体应涵盖资金运动的范围,而在价值链的理念下,传统的限于企业内部的价值运动已经被贯穿与价值链战略联盟的资金流所代替。所以,把价值链会计的管理主体界定为价值链战略联盟,能够使各企业树立大局观、整体观,避免片面和短视行为。

(2)价值链会计对象。价值链会计,把原来可以用货币计量的各会计核算对象,扩展为以价值链形式存在的一切可以量化的会计管理对象。会计管理的视角大为扩大,财务信息和非财务信息就统一为价值信息。价值链会计的会计对象就是价值链会计所要控制和反映的客体,是以资金流、物流、信息流为载体表现出来的价值运动。

(3)价值链会计目标。在价值链上传递的除物流、信息流和资金流之外,最根本的是增值流。价值链上每一环节增值与否、增值多少都会成为影响价值链竞争力的关键。所以要增加价值链的竞争力,就要求消除一切无效劳动,在价值链上每一环节做到价值增值,这也是价值链会计管理的根本目标。从价值运动看,价值链管理谋求的是各个链环的增值以及整个产业价值链的最大化价值,这就打破了过去以单个企业利润最大化为会计目标的局限性,使企业关心的不仅仅是企业自身,而是它所处于其中的产业价值链。合作伙伴之间共同的利益是企业对各个环节的成败加以关注,进而提高了整个价值链的竞争力,由以前的单赢转变为现在的多方共赢。

价值链会计的空间观具有一定的开放性,它促进了企业内部管理和外部相关部门的有效结合,增强了会计管理的外部性,打破了传统会计封闭自守的局限性。

(二)价值链会计时间观

时间是指事物运动的持续性和顺序性,是运动着的物质存在的形式。传统会计持续经营假设和会计分期假设确立了会计工作时间的范畴。价值链会计在传统会计假设的基础上，在时间维度上，有了进一步的创新，主要体现在反映、控制、评价职能上，具有实时性的特点。

价值链会计的反映职能不受会计制度所规定的会计期间的限制，而是以最快的速度反映企业价值链的价值流入、营造、流出等价值活动的信息。传统的会计系统是相对封闭的会计系统，无法做到会计信息流与资金流、物流和人流的同步，因此大量经济活动信息被会计核算漏掉，降低了决策的有效性。在这种情况下，会计实时控制越来越受到关注，它是体现信息时代特征的一种新的控制观，是会计控制内涵和外延的扩充。

我国著名会计学家阎达五认为会计实时控制是“在IT环境中财会人员利用现代化技术手段和‘三量’信息，对企业经营活动的过程进行实时对比和实时分析，通过指导、调节、约束、促进等环节干预企业的经营业务，以实现提高经营效率和效益，从而达到价值增值这一终极目标”。实时性是价值链会计控制的最重要的特点。以网络为代表的信息技术的发展和在会计中的运用，使得信息传递、信息处理、信息共享与手工环境有了质的飞跃，从而改变了会计控制的观念。另外，实时评价职能也是价值链会计的一种基本职能，它以最快的速度揭示了价值运动的过程，并对各项价值运动做出评价、分析，达到了以会计实时控制为核心，以管理过程的时间序列为依据，分别以事前管理的统筹规划、事中管理的实际控制和事后管理的分析考评为内容，广泛开展全方位、全过程的会计管理。

会计需要变革，而价值链会计正是适应这一变革趋势的选择之一。价值链会计研究的目的就在于紧密结合信息技术，将价值链管理的思想落实到企业管理活动中，以实现价值增值最大化，创造企业各方利益的共赢。它是财务会计和管理会计的结合。前文所述的作业成本法便是价值链理论和价值链管理实践在会计中的初步运用。作业活动是价值链中价值创造的细胞，也是价值链会计实施控制的基本单位，对价值链的控制必须渗透到这些细胞中去。价值链会计通过运用作业成本法对企业的纵向价值链、横向价值链、内部价值链进行分析，寻找出企业市场竞争中实现价值增值的优势环节，可以集中配置资源，打造企业核心竞争力。但是作业成本法毕竟只是一种成本的计算和管理方法，只能作为整个价值链会计体系的一个组成部分，还需要建立整个价值链会计从理论框架到实务的完整系统，要研究和涉及的问题还有很多。

第二节　建立价值链会计的必要性

一、会计环境的变化

会计环境是会计为之服务的社会对会计产生影响的各种因素的总称，是会计理论研究和实务运作赖以存在的前提。会计环境与会计的产生、发展密切相关,并决定会计思想、会计理论、会计组织、会计法制以及会计工作发展水平的历史条件及特定情况。

企业是会计理论与实务的基础,对会计系统的研究,都不能无视企业的存在。同样,对会计环境的研究,也要以企业为基础。根据环境构成因素对企业影响的方式和作用,企业会计环境分为企业外部环境和企业内部环境,两者对会计系统的影响是相辅相成的。

中国社会经济经历了三十余年的改革开放政策的影响,会计环境已经发生了较大的变化,比如政府对经济的干预逐渐在削弱,各种经济成分、各种经营方式、各种经济组织在市场经济中非常活跃,法律条文不断完善,文化教育事业发展迅速,等等。这些环境因素的变化,对会计的理论、原则、方法和程序以及规范形式和管理体制都具有不容忽视的影响。

(一)企业外部环境的变化

企业外部环境主要是企业发展必须依赖和无法回避其影响的企业外部系统,它具有变异性、随机性、不可控性的特征,一般包括经济环境、政治法律环境、社会文化环境、科技环境等因素。各个宏观要素对会计的影响不一,且相互关联。总体上来说,政治对经济和法律具有制约作用,同时决定着会计法规和管理体制;法律架构在一定程度上决定着会计规范的模式;社会的经济体制和发展水平则对会计的发展起着直接推动和制约作用;文化等人文因素对会计理念和执业标准有重要影响;科学技术的发展对深化会计工作领域起着重要的促进作用。

1. 经济环境

经济环境是制约会计产生和发展的根本因素,会计是随社会经济的发展而逐步发展起来的。无论是从会计的发展史出发,还是从马克思主义关于生产力是社会发展的动力、经济基础决定上层建筑的观点出发,经济环境因素对会计理论和实务起着主导作用。

目前会计所依存的经济因素也处于激烈的变化之中,一个高度概括的词语就是“新经济时代”或“知识经济时代”。结合我国经济由单一计划经济体制转向社会主义市场经济体制的实际情况,企业经济环境已发生了重大变化。企业的经济环境主要由经济发展水平、社会经济结构、经济体制和宏观经济政策四个要素构成。

(1)经过改革开放三十年的发展,我国经济均以近两位数的速度增长,我国的生产力水平迈上了一个新的台阶,国内生产总值占世界 GDP 的比重由 1978 年的 2.4% 上升到 2002 年的 3.85%,在世界的位次也由 1978 年的第 7 位上升到 2008 年的第 4 位。并且从 2003 年开始,我国结束了 1993—1997 年连续 5 年的反“通胀”斗争，又结束了1998—2002年连续5年的反“通缩”斗争，现今全球经济危机显现，我国经济开始进入了新的经济调整和增长减缓阶段。

(2)在社会经济结构上，非公有制经济所占比重逐步提高，其对经济发展的贡献也越来越大，在GDP中，国有经济和非国有经济大约各占一半。同时，从增量和存量两个角度推进的经济结构调整，其方式正在由单纯的政府领导向发挥市场作用方向转变；其手段则正在由主要靠行政手段，向经济、法律手段结合必要行政手段的方向转变；其调整的目标，已由过去的增加短缺商品产量和品种，转变到产品升级和产业结构升级，由国内企业与行业的发展，转变为参与国际范围内竞争。

(3)在经济体制上，社会主义市场经济体制初步建立，市场体制在配置资源中日益明显地发挥基础性作用。绝大多数商品和服务价格由市场竞争决定，企业普遍实现自主生产经营。比如，我国目前95%以上的商品资源都由市场来配置，国家定价的商品不足5%。

(4)在宏观经济政策上，将进一步推进宏观体制改革和微观企业改革，从而会更加完善财政、金融、外贸等综合配套改革，尤其是要加快金融制度创新的进程，建立符合市场经济要求的多元化投融资体制；同时要彻底转换企业经营机制，把企业塑造成为真正独立自主经营，自负盈亏的法人实体与市场竞争主体，为宏观经济健康运行奠定良好的微观基础。

由于经济环境的变化指引着现代企业制度下各类企业的尝试和实践，导致社会经济的发展对会计提出了新的要求，比如筹资、股份公司上市股票计价、企业重组清算、母子公司和控股公司会计报表编制，等等。

2. 政治法律环境

随着我国改革开放的深入和经济的持续发展，政府管理逐步走向透明、政府行政性干预逐步弱化。同时为履行加入WTO的承诺，国家政治体制改革速度不断加快，政府对经济领域的管理将实行有限的宏观管理。可见，政府的定位将从一个“无限政府”转变为“有限政府”，即只需负责组织和执行公共物品的供给；政府对经济的管理方式将发生变化，即按照市场化方式来配置资源，许多原来由政府承担的职能将由市场、企业和社会中介组织来承担；政府的行政行为将进一步规范，目前颁布的《行政诉讼法》、《行政复议法》、《国家赔偿法》、《行政处罚法》和即将出台的《行政程序法》为保证行政行为的法制化奠定了坚实的法律基础；政府的所有公共事务透明度将不断提高。

政治与法律密切相关，政治的意图常常通过法律得以体现。我国是通过立法来规范会计的国家，会计受到法律的影响深而广。法律规定具体的会计准则、会计程序及会计方法，从而会计实务受到《公司法》、《税法》、《商法》、《证券交易法》、《民法》、《会计法》、《银行法》等法规的严格约束。我国又是大陆法系国家，因而目前会计总体上属于“立法会计”模式，1992 年我国发布了历史上第一项会计准则《企业会计准则——基本准则》，随后又发布了 30 多个具体会计准则征求意见稿，正式发布了 16 项具体会计准则和《企业会计制度》、《金融企业会计制度》等。2001 年国务院发布了《企业财务会计报告条例》，2006 年重新修订颁发了新的《企业会计准则》，并对《企业会计准则——基本准则》中的资产、负债、所有者权益、收入、费用和利润六大会计要素进行重新定义。在目前的政治法律环境下，会计的作用将显得越来越重要，会计——提供信息、参与管理决策的职能将进一步巩固和加强。更加民主的政治环境和连续稳定的政策将为会计的发展创造更好的基础条件。

3. 社会文化环境

任何一个国家的会计发展都不可能脱离其文化环境的氛围，任何一个国家的会计在其发展过程中都会以其特有的价值观念和思维方式形成会计思想、会计理论，按照其道德规范及习惯进行会计处理。此外，社会文化环境对会计的影响还表现在企业外部的教育水平会影响到会计理论研究和对其理解的深度和广度以及表达方式、方法和表达能力等，进而决定了会计的科学性及运动水平。随着市场化、工业化、城镇化以及经济全球化的推进，我国社会文化环境正在发生一系列新的变化：

(1)从社会文化形态角度看，呈现出多元化的潮流，比如文艺领域有着众多风格，思想领域有着众多流派，道德领域有着多种取向，信仰领域有着多种选择，语言领域涌进多种崭新元素等。

(2)从社会文化运作机制的角度看，呈现出市场化的趋势，促进了公民市场意识(包括法律意识、多方共赢意识等)的提升，从而使得公民改变了过去利用人际关系而不是法律程序来解决经济问题的习惯，改变了过去“你死我活”的残酷竞争形成的价值观念。

(3)从社会文化的外部关联角度看，呈现出全球化的特征，中国文化直接面对全球各个国家的文化，国外的社会文化观念将逐步渗入人们的日常生活，人们的消费方式、消费习惯，对会计的认知，对职业道德内涵的认知，对自身权益的保护等方面都会发生一些明显的变化。

总之，改革开放和经济发展使人们改变了“会计——账房先生”的轻商思想，逐步认识到会计的重要性。随着西方的社会文化观念逐步渗入我国的经济生活，我国会计模式将发生某些变化，如会计管理上将更加强调行业自律；在会计准则的制定和实施上将更加强调灵活性、可选择性和会计人员的职业判断；在会计职业上，会计人员的社会地位和专业水平将不断提高，从而具有较高的权威性；在信息披露上，偏向于透明公开；在会计处理方法上，强调真实反映，保守程度降低；在会计观念上，会计人员将逐渐树立风险观念、外向经营观念、遵循国际惯例的观念,等等。

4. 科技环境

科技环境从广义上来说,属于经济环境因素之一,但考虑到现今科技发展水平对经济发展产生的巨大作用,科学技术是第一生产力的观点已得到广泛的认同,说明它本身已成为了影响企业环境的重大因素。在称为知识经济的今天,一方面科学技术的发展速度不断加快,各种发现、发明、革新层出不穷,其特点是:以微电子为标志的尖端技术和应用技术发展速度快;网络经济和电子商务的兴起。另一方面,科学技术应用于生产领域的深度和广度不断扩大,直接促进社会经济的进步与企业效益的提高。比如,中央政府对10个国家部委、局所属的242家科研机构进行改革,通过转成企业、进入企业和转为中介机构等方式全部实行了企业运行机制。

科学技术的发展,一方面对会计提出了新的要求,从而必然大大丰富会计理论和实务的内容;但另一方面,科学技术的发展对会计方法、手段革新等方面提供了物质基础。比如,随着网络技术的推广和普及,传统的手工记账方式会全面退出历史舞台,会计电算化逐步走向会计的信息化。同时带来了很多目前闻所未闻的经济业务,它们在会计上如何处理将成为不可回避的问题。比如经济的全球化带来技术的快速交流,促使了B to B、B to C等方便快捷的电子商务得到更广泛的应用,涌现了以知识及其载体的人力资源为主要资产的网上实体,这必将改变会计理论在经济交易时空概念上的界定,对传统会计理论造成强烈的冲击。

总之,日益宽松的政治环境,逐渐完善的法律环境,改革和发展中的经济环境,持续进步的教育环境以及潜移默化的文化环境等,共同为中国会计的发展创造了前所未有的条件。

(二)企业内部环境的变化

企业的内部环境是指企业内部各部门的活动及其力量的总和。与外部环境相比较,内部环境具有可控性和稳定性,是企业经营策略制定的依据和实施的基础。企业内部环境一般包括企业机制、组织结构、财务状况、人力资源、营销等几个要素。

1. 企业机制

企业机制是指企业在生产、管理、流通、营销等运作过程中,对企业内部与外部关系进行协调控制与操作的一种体系。不同类型的经济形态,企业会采用相应的机制进行运作。与过去的物质经济不同,现今的信息经济与知识经济中的企业机制,主要基于科学技术管理与人文层次的管理。比如,自20世纪80年代以来,在以美国为首的西方国家的一些大型企业里相继出现了“首席信息主管”(Chief Information Officer, CIO)、“首席知识主管”(Chief Knowledge Officer, CKO)的高层管理职位,使信息资源管理者和知识管理者的行政地位提高到最高层次,从而加强对信息和知识的开发利用工作,以实现企业稳定、持续和高速发展。

2. 组织结构

组织结构指组织的基本架构,它是对完成组织目标的人员、工作、技术和信息所做的制度性安排。企业为适应市场经济的挑战,改革传统的高度集权的、垂直管理的、通过等级制度来协调的组织结构模式,逐步建立扁平化、网络化、学习型组织结构模式(诸如虚拟型、网络型、边界模糊的组织)。这些组织有其内在规律和特点,主要表现为业务流程的再造。哈默等人提出:"企业必须充分认识到外部环境的深刻变化,应全力发挥现代电子计算机和通讯网络的优势,对以往的工作流程进行彻底的思考和反思,甚至回到零状态来挽救企业。"企业流程再造调整了企业组织结构的内在机理,它从系统角度出发,加强各职能部门的沟通与联系,进行综合化的管理,提高组织机构的反应灵敏程度。

3. 财务状况

财务状况是企业经济活动结果在会计报表中的体现。它决定企业的竞争力和在经济合作中的潜力,此外,它还能对于企业本身及其伙伴在财务及其他方面的经济利益在何种程度上得到保证做出评估。随着知识经济的到来,由知识形成的无形资产(包括专利、商誉、非专利技术)在企业资产中所占的比重逐步增大。比如,微软公司1997年的无形资产比例达90%,美国、西欧等国家高科技企业的无形资产达到60%以上。但由于相关资产在实际业务处理中难以确认与计量,传递企业财务状况的报表并不能对它们进行真实的反映,从而使信息使用者不能准确判断企业的财务状况。此外,随着市场经济的不断发展,人们越来越重视比利润信息更客观和可靠、更具洞察企业风险的现金流量表所揭示的会计信息,而作为企业管理者,将更注重挖掘现金流量表蕴含的重要的财务信息。

4. 人力资源

人力资源已成为企业生存和发展的重要因素。20世纪60年代,西奥多·舒尔茨的人力资本理论的提出使得人力资源被越来越多的人们所认知,世界资源的开发中心也开始逐渐由物质资源的开发与利用转移到以知识信息的积累为基础的人力资源开发与利用上来。知识经济时代人才是最宝贵的资源,谁拥有优秀的人才,谁就能赢得未来。在现今日益激烈的竞争环境中,如何吸引人才、保留人才,调动企业员工的积极性,使他们作出更大的贡献,是企业赢得竞争优势的利器,也是每一个企业最为关注的问题。企业一方面通过员工培训等途径不断创造条件促使企业内部员工成为优秀的人才;另一方面推进以人为本的企业文化建设,培养员工对企业的认同感、归属感和忠诚度,从而可以让员工毫无怨言的为企业作出努力和奉献。

5. 营销

知识经济的兴起，经济全球化的加快，高科技尤其是信息技术的迅速发展，消费心理的日趋成熟和消费需求的变化，企业营销观念和方式不断创新。知识营销初露端倪，企业在营销过程中注重知识含量的提高，以知识创造市场为营销方式，强调企业提升产品的文化含量，注重无形资产对营销价值的作用；关系营销备受青睐，企业与顾客、供应商、分销商等建立长期信任、互利而牢固的合作伙伴关系，营销的核心从交换转变为"关系"，提升企业的竞争力；网络营销蓬勃发展，使得以电子信息技术为基础，以计算机网络为媒介的营销活动可以超越时空、地域的局限扩展到全球，实现与顾客互动和双向交流，快速响应市场的变化。以上企业营销方式的这些变化对会计信息提出了更高的需求。

业界认为，传统会计模式已经越来越不适应社会经济环境的变化，已经大大落后于实践的要求。因而有必要重新审视我国现行会计模式，改革其中旧的不符合实际的部分，系统总结各种已被实践所证明的行之有效的做法，并抽象为理论，为会计理论增加新鲜的内容。

第三节　建立价值链会计的可行性

构建价值链会计不仅具有必要性，而且也是可行的。迈克尔·波特认为，价值活动是企业从事的在经济上和技术上有明确界限的各项活动，它们是创造对买方有价值的产品的基础，这些相互联系的价值活动共同作用为企业创造利润，从而形成企业的价值链。所谓价值链管理从字面上理解是对价值链的管理，即对企业价值链（包括内部价值链、纵向价值链和横向价值链）的计划、协调、分析和控制。内部价值链管理主要解决降低企业内部成本问题，如管理成本、生产成本、储存成本等。纵向价值链管理主要解决企业的产业定位问题，如产业进入和退出、纵向整合，即企业究竟应该在整个纵向价值链中占据多长。横向价值链管理主要解决企业的竞争优势问题，即企业与相同地位的竞争对手相比，如何提高竞争能力。

以制造企业为例，一条基本的价值链如图 2－1 所示。

从图 2－1 可以看出，制造企业价值链联盟有四个基本的链条：一个是由采购、生产和销售等活动构成的工作流；一个是由实物流转构成的实物流；一个是由各种相关信息构成的信息流；还有一个就是价值链联盟企业间由资金结算所导致的资金流。而这里的资金流不但表明货币的流转过程，更重要的是资金流的流量及流向表明了价值的转移及其分配过程。价值运动（表现为资金流）的空间范围涵盖了整个价值链联盟，上游供应商、核心企业以及顾客都是资金流

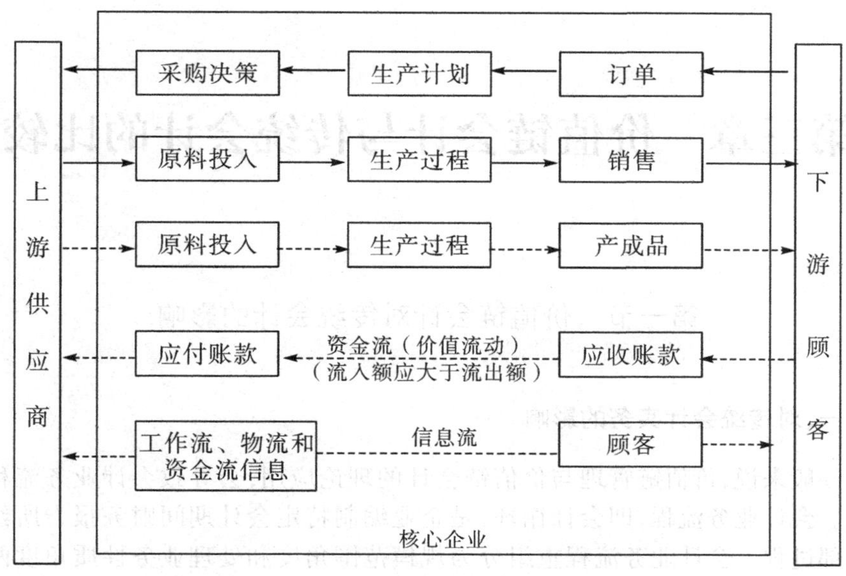

图 2－1　制造企业的基本价值链图

动所必经的节点。如何保证所流动的资金在数量上达到最大,在流速上顺畅无阻,并在各节点之间合理分配,达到多方共赢的局面,是维系价值链联盟的关键。故可以认为,由于会计与生俱来的量化特点,加上以信息技术为依托,对这条资金流进行全程管理是可能的。

为了验证这个思路,也为了深入了解企业界对现行会计模式以及价值链管理的想法,我国于 2003 年 3 月 30 日召开了“EVA 与价值链管理座谈会”,来自中国工商银行、中国建设银行、中国人民保险公司、联想集团、普天集团、北京用友安易软件技术有限公司等实务界人士就 EVA、价值链管理、价值链会计等进行了研讨。通过交流,与会人士深切感受到,我国现行的会计模式特别是管理会计远远不能满足企业的需要,实施了价值链管理的企业还无法有效地把先进的管理理念与现行会计模式有效整合。与会人士对把价值链理念与会计相结合的思路给予了充分肯定,这大大增强了理论界深入研究价值链会计的信心。

总之,客观社会经济环境的变化,为价值链会计的产生创造了条件,并使其发展成为可能。IT 技术的飞速发展,计算机在企业中的普及应用,为价值链会计提供了技术基础;价值链、数字价值链、虚拟价值链、价值网和价值中枢等理论的提出,为价值链会计提供了理论支持。此外,现代管理会计的作业成本计算、作业成本管理等方法的应用,财务会计对自创商誉、衍生金融工具、人力资本等的确认和计量以及多层次彩色财务报告模式等问题的讨论,为价值链会计提供了研究示范。

第三章　价值链会计与传统会计的比较

第一节　价值链会计对传统会计的影响

一、对传统会计实务的影响

一般来说，价值链管理与价值链会计的理论应用，会导致会计业务流程的重组。会计业务流程，即会计循环，是企业编制特定会计期间财务报告所经历的全部过程。会计业务流程重组分为规模范围角度和处理业务性质角度两个角度。前者包括会计部门内的重组、会计部门与其他部门间的重组、企业间的重组；后者包括日常操作层的重组和特殊事务层的重组。当前大部分会计业务虽然实现了电算化操作，但并未突破手工会计核算方式的框架，仅仅是对手工会计业务流程的高度仿真。其局限性在于：财务事后核算，价值信息滞后；企业信息流单向流转，难以形成完整的信息闭环；财务人员的精力过多地集中于会计核算，弱化了价值管理职能。而价值链管理要求实现面向业务流程的实时会计处理，要求提供的信息充分考虑供应商、顾客、企业内部人员及投资者的需求。它要求会计人员加强对价值链的财务管理，而不仅仅是进行会计核算。也就是说，会计业务流程的重组必须置于整个企业业务流程重组和价值链优化的视野之下，置于整个企业信息化的基石之上，以提高会计信息的相关性和可靠性为目标。

另外，在会计业务流程重组的基础上，应将现行财务报告体系予以修正。一方面要对会计报表项目进行适当的修改和压缩，另一方面要提供非货币、非财务信息，建立综合业绩报告体系。同时要以价值为导向，构建企业价值管理会计信息子系统。

二、对传统会计职能的影响

价值链会计是传统会计在价值链理论下的新发展，其职能主要包括两个方面。

(1)价值信息管理。它包括价值信息标准的制定、价值信息的跟踪、价值信息的评价。价值信息标准的制定是指通过对以前各期价值信息、同行业企业相同业务流程价值信息的分析以及对企业未来发展趋势的预测，制定全面财务预算和部门财务预算，并作为企业价值管理活动的指南。价值信息的跟踪是指通过在企业内部各业务流程采用信息技术，实现财务业务的在线操作，利用信息网络监督企业财务预算的执行情况，同时对财务预算管理中出现的特殊、异常业务进行例外审批。价值信息的评价方法有平衡计分卡法、基准指标法、经济增加值(EVA)法等。平衡计分卡法从顾客、内部业务流程、发展、财务等多角度测评企业绩效，把企业长期战略目标和短期财务指标联系起来。基准指标法采用相对比较的方法，即以最强的竞争对手或其他行业的佼佼者作为范例与自身进行比较，从而使企业自身产生强烈的改进意识。经济增加值法是一种能够全面衡量企业价值创造和生产经营真实业绩的评价方法。价值信息管理活动是价值链会计的基础性工作。这套体系如果建设得比较完整，将能极大地提高企业经营运作效率，推动企业价值增值。

(2)增值活动管理。它包括业务流程管理、成本管理和财务管理三个方面。业务流程管理主要是指优化业务流程，实现企业价值增值最大化。会计人员应利用所掌握的各部门的价值信息，分析企业价值链各环节业务活动的增值量，协助企业进行业务流程的改造。成本管理是增值活动管理中最基本的工作。企业每项价值活动的成本包括外购材料成本、人力资源成本、资本化费用等。在成本管理中，企业必须将以上成本分摊到价值链的各项价值活动中去，分摊的目的是产生一个能反映成本分布的价值链，比较各项价值活动成本的分布，从而找出降低成本的突破口。除此之外，成本管理人员还需要了解与产品有关的整个价值链成本，并与处于价值链上的其他厂商合作，共同控制成本，寻求最大收益率。财务管理是增值活动管理中的重要组成部分，它主要包括筹集资金、投放资金、现金管理、信用管理、股利分配等多种理财活动。

三、对传统会计主体的影响

价值链会计将会计管理的范围由单一主体扩大到整个价值链。原有的会计理论一般认为会计主体只能是某一特定单位，它可以是一个法律实体，也可以是一个非法律实体。而价值链会计所管理的范围已不仅仅是单一主体，它包括了由多个企业所组成的价值链。因为价值链会计的目标不仅仅是实现企业内部价值链的价值增值，更重要的是实现整个产业价值链的价值增值。价值链会计中的会计主体假设应定义为会计为之服务的价值链，既包括企业内部价值链，又包括由多个企业构成的产业价值链。

四、对传统会计目标的影响

价值链会计的目标和价值链管理的目标相同，都是实现价值链的价值增值。价值链可以分为企业内部价值链和产业价值链两类。内部价值链是指企业内部的价值运动，波特把它划分为九个部分，即企业的基本职能活动、人力资源管理、技术开发、采购、内部后勤、外部后勤、生产经营、营销和服务；产业价值链是指企业外部的价值运动，主要反映从资源到产品的价值运动过程，由供应商、企业、渠道和顾客价值链构成，也称为行业价值链。

从价值运动的角度来看，价值链管理谋求的是各个链环的价值增值以及整个产业价值链的价值最大化。企业关心的将不仅仅是企业自身，合作伙伴之间共同的利益将使企业对各个环节的成败加以关注。会计管理既然是一种价值管理，就要以价值链的价值增值为目标，不仅使企业内部价值链的价值增值，更重要的是使整个产业价值链的价值增值。价值链会计管理的目标是实现价值链的整体增值，而只有对价值链的所有收入和成本进行全面分析后，才有可能对价值链增值的大小做出准确的计算。

五、对传统会计计量方法的影响

价值链会计对象的特殊性决定了其计量方法的特殊性，在遵循货币计价原则的基础上，除了继承传统的会计计量方法之外，还需采用一些符合价值链会计特点的系统化计量方法。这些方法主要包括以下几种：

（一）作业成本法

作业成本法（Activity－Basded Costing，ABC）又称“作业成本计算法”或“作业量基准成本计算方法”，是以作业为核心，确认和计量耗用企业资源的所有作业，将耗用的资源成本准确地计入作业，然后选择成本动因，将所有作业成本分配给成本计算对象（产品或服务）的一种成本计算方法。作业成本法的指导思想是：“成本对象消耗作业，作业消耗资源。”作业成本法把直接成本和间接成本（包括期间费用）作为产品（服务）消耗作业的成本同等地对待，拓宽了成本的计算范围，使计算出来的产品（服务）成本更准确真实。运用于价值链会计即是以作业为间接费用归集对象，把所有为不同顾客和产品提供作业所耗费的资源价值测量和计算出来，并恰当地把它们分配给各种产品。既然价值是作业链的货币表现，那么就可以采用作业成本法计量。对于企业内部价值链而言，可以通过对其进行作业分析与成本动因分析，区分价值链中哪些是增值作业，哪些是非增值作业。然后采取措施通过重组价值链和控制成本动因来消除非增值作业，从而达到降低成本、实现价值增值的目的；对于产业价值链而言，也可以通过作业成本法对企业上下游作业链进行核算，分析企业上下游各个价值链的成本和收入，发现哪些价值链具有较大的增值空间，哪些价值链价值较低，由此改进和完善上下游价值链，实现整个产业价值链增值的目标。

（二）价值工程法

价值工程（Value Engineering，VE）又称为“价值分析”（Value Analysis，

VA),是一门技术与经济相结合的现代化管理科学,通过对产品的功能分析,研究如何以最低的成本去实现产品的必要功能。价值工程的应用,能使产量与质量、质量与成本的矛盾得到完美的统一。价值工程是以功能分析为核心,使产品或作业达到适当的价值,即用最低的成本来实现其必要功能的一项有组织的活动。价值工程的目的是力图以最低的成本使产品或作业具有适当的价值,亦即实现其应该具备的必要功能。

因此,价值、功能和成本三者之间的关系应该是:价值 = 功能(或效用)/成本(或生产费用),用数学公式可表示为:V = F/C。价值工程的核心是对产品或作业进行功能分析。即项目设计时,在对产品或作业进行结构分析的同时,还要对产品或作业的功能进行分析,从而确定必要功能和实现必要功能的最低成本方案。

(三)经济增加值法

经济增加值法(Economic Value Added,EVA)是一种企业价值评估的新方法,是企业的税后净经营利润减去资本费用的余额。其中,资本费用等于企业的资本投入乘以加权平均资本成本。经济增加值指标是在扣除了全部债务资本成本和权益资本成本的基础上来衡量企业价值的。经济增加值不仅可以从股东的角度对企业整体的业绩进行评价,更可以用于企业内部,有效组织公司的各项业务的开展。实际上,经济增加值的最初来源就是评价投资中心业绩的剩余收益,是对剩余收益指标在理念上的拓展。EVA 的设立以股权机会成本为出发点,有利于维护股东正当权益;EVA 以公司经营行为产生的收益为核算基础,可以防止利润操纵行为的发生。同以往财务指标相比,EVA 强调了一个理念,即权益资本也是有机会成本的,也就是只有在经营利润超过了所有债务成本和权益成本时,才会为股东创造财富,才会产生真正意义上的利润,即“经济利润”。

(四)平衡记分卡法(Balanced Score Card,BSC)

20 世纪 90 年代,美国哈佛大学教授罗伯特·卡普兰(Robet Kaplan)提出的“平衡记分卡”是一种综合绩效评价体系,一方面强调对财务业绩指标的考核,另一方面也注重对非财务指标的评价,根据企业制定的战略,设计适当的评价指标,并赋予不同的权重,形成一套完整的业绩评价指标体系。平衡记分卡法用顾客、内部经营过程、学习和创新三个方面的非财务指标补充传统的评价指标对企业业绩进行分析,平衡记分卡将与企业运营相关的各项指标清楚明了地反映在一张卡片上,使经营者既不依赖单一的指标进行片面的管理,又不至于因为过于琐碎、复杂的情况而分散注意力。它将影响企业运营的包括企业内部条件和外部环境、表面现象和深层实质、短期成果和长远发展的各种因素,并划分为几个主要的方面,针对各个方面的业绩目标,设计出相应的评价指标,从而系统、全面、迅速地反映企业的整体运营状况,最终为企业的战略管理服务。传统的绩效评价指标只考虑了对企业投资者的利益满足,而忽略了对企业其他参与者——员工、顾客的利益兼顾,而平衡记分卡法有效地实现了企业的三个主要参与者的利益兼顾。

第二节　价值链会计与传统会计的区别

价值链会计并非会计学的分支学科,它是传统会计管理在价值链理论下的延伸,其实质仍然是一种管理活动,仍可依据会计年度划分为事前、事中和事后会计管理,其中事前管理包括预测、决策、预算和预报四个环节,事中管理包括核算和控制两个环节,事后管理包括分析与考评两个环节。价值链会计与传统会计的不同点体现在以下几方面:

一、会计学科划分不同

传统的会计分为财务会计和管理会计两大部分,会计与审计、财务是不同的范畴,相互之间不存在包含的关系;而价值链会计打破了传统会计学科的界限,将财务会计、公司财务管理、内部审计、管理会计、成本管理有机地融合在一起,并包括了统计、管理控制、价值分析等相关内容。

二、会计理论框架不同

会计理论框架是指会计各组成部分(或要素)及其相互之间的层次关系,包括会计信息使用者(会计服务对象)、会计目标、会计要素、会计信息质量特征、会计假设、会计原则和会计方法等。传统会计与价值链会计在理论框架上不同点也主要体现在以下方面:

(一)在会计服务对象方面

传统会计的服务对象主要是企业内部的经营管理者和企业外部的利益关系者;而价值链会计的服务对象是企业内部的价值链管理者,既不直接为企业内部的其他经营管理者服务,也不用为企业外部的各利益相关者服务。

(二)在会计目标方面

传统会计的目标是通过对企业的经济活动进行完整、连续、系统的反映和监督,旨在提供会计信息和提高企业的经济效益;价值链会计的目标是为信息使用者提供动态的价值创造和流转信息,借以优化价值链流程和价值链联盟,并同时以实时控制为核心协调和优化价值链,最终实现价值链联盟和核心企业的价值最大化,价值链上每一环节的增值与否、增值多少都会成为影响价值链竞争力的关键,因此要求消除一切无效劳动,在价值链上每一环节做到价值增值。

(三)在会计研究对象和会计要素方面

传统会计的研究对象是基层单位组织以货币表现的经济活动,具体表现为六大会计要素,即资产、负债、所有者权益、收入、费用和利润;价值链会计的对象是价值链管理对象的数据化和具体化,即价值链信息及其所体现的经济关系载体包括资金流、信息流和实物流。从本质说,价值链会计反映的是价值链信息背后所体现的经济关系,其核心是增值流,价值链会计的要素不再局限于传统的六大要素,还包括消费者服务、生产效率、生产周期、产品质量等新的会计管理要素。因此,价值链会计所提供的信息不仅包括原有的财务信息,还包括供应商、分销商、客户、产品质量等方面的非财务信息。

(四)在会计信息的质量特征方面

虽然传统会计信息强调相关性,但传统会计系统和交易信息是一个与业务系统相对隔绝的自成体系系统,交易信息是通过记账凭证记入系统,由于凭证编制时间总是滞后于经济业务发生的时间,因此许多重要的信息不能第一时间反映给决策者,无法做到信息流与资金流、物流和人流的同步。价值链会计的职能是实时评价和反映,其主要特点是实时性,它不受会计制度所规定的会计期间的限制,而是要以最快的速度揭示价值链价值创造的过程,并对细分的价值链各项价值活动做出评判,这种实时性信息更有利于管理者正确及时地进行决策,实时采取有效的管理措施。

(五)在会计假设方面

价值链会计的主体不再是单一企业,其范围更广,已扩展为以价值链联盟形式存在的会计管理主体,向前延伸到供应商,向后延伸到分销商、服务商和客户,超越了单个企业的界限;持续经营假设的内涵更加广泛,是对过去、现在、未来三种时态的有机整合;价值链会计中的会计分期假设不受会计制度所规定的会计期间的制约,价值链会计强调即时评价和实时控制;在计量假设上,价值链会计除采用货币计量手段外,还可采用时间、质量等非货币计量手段,在报表的编制过程中应考虑到非货币和非财务信息,使三大报表的内容更充实、更全面地反映企业的经营状况。

(六)在会计原则方面

价值链会计除遵循传统会计所应有的原则以外,还应遵循系统优化原则、速度原则和合作原则。系统优化原则是指为适应企业商业环境的变迁,强化以核心企业为主的价值链联盟整体利益最优化;速度原则就是要充分重视时间因素,通过持续优化价值链流程来提高面向顾客的及时性和适应性,时间是价值链所有环节的关键因素,有效的时间管理能创造速度价值,提高服务质量,增加

企业的价值；合作原则就是企业通过外向资源配置，与合作伙伴分担风险，使企业变得更有柔性，更能适应变化的竞争环境。

（七）在会计方法方面

价值链会计具有灵活性、综合性和多样性等特点，除了利用传统会计管理方法外，实物期权、竞争博弈法、平衡计分卡等非财务方法也纳入了其中。另外，价值链会计必须要利用 ERP 系统，搭建网络价值链信息平台收集信息以确保信息收集的及时性。

三、会计工作重点不同

传统会计工作重点在于核算，按《企业会计准则》和会计制度的要求披露会计信息；而价值链会计工作重点主要放在分析和决策上，更多地满足管理的要求。

四、会计业务流程不同

传统会计业务流程是建立在劳动分工理论下的一种顺序化业务流程，会计人员按照"填制会计凭证→登记账簿→编制会计报表"的顺序来向企业内外部信息使用者报送有关信息，所提供的会计信息相关性不足，不利于企业做出正确的决策。价值链会计的业务流程利用 ERP 系统，搭建网络价值链信息平台来收集会计数据，并结合事件驱动技术对原有顺序化的业务流程进行重组，重组后的新流程最重要的特点是互动性，实现了用户对信息的定制；其次是集成性，企业通过网络将各信息系统进行集成，使得原始数据收集分散化，而数据处理和存储集中化，从而实现财务和业务的协同。

第三节　价值链会计与传统会计的结合

价值链会计克服了传统会计中存在的不足，汲取了精华，因此两者存在许多共同点：

（1）都可以为企业内部管理者提供信息。传统会计虽主要为企业外部的各利益相关者提供企业的财务信息，但同时也可以为企业内部的经营管理者提供对决策有用的会计信息，为企业的内部经营管理服务。同样，价值链会计是为企业内部的价值链管理者提供对决策有用的价值信息，为企业内部的价值链管理服务。

（2）基本要求一致。无论是传统会计还是价值链会计，都要求所提供的信息资料具有客观性并容易验证。无论是传统会计还是价值链会计的信息使用者都不希望自己使用的信息资料是毫无根据的，在这一点上二者是一致的。

(3)都对资金运动进行核算。传统会计的核算内容主要是企业生产经营过程中的资金运动。价值链会计的核算内容虽然是价值链中的价值运动,但价值运动具体表现为物资运动和资金运动的统一,资金运动是价值运动的重要表现方式,也是价值链会计核算的重要内容。

(4)原始信息资料大多相同。在实践中,传统会计和价值链会计所使用的许多原始信息资料是相同的。原始凭证能提供会计核算所需的经济业务内容、业务发生的时间和数字、业务发生的主体及客体等信息并具有可验证性,是进行会计确认的重要依据。所以,无论是传统会计还是价值链会计都要以原始凭证作为各项经济业务发生的证明和初始信息载体,只是传统会计最后要以会计报表或报告的形式生成规范的会计信息,而价值链会计还要结合其他信息资料最后生成对价值链管理决策有用的价值信息。

价值链会计与传统会计的相同之处还表现在:

(1)从性质来看。它们既是一种管理活动,又是一个信息系统。财务会计相对来讲侧重于信息系统,但它从根本上讲仍是管理活动,是经济管理的重要组成部分。它在对财务信息进行确认、计量、报告的过程中实施控制管理。管理会计则本身就是会计与管理相结合的产物,是随着管理理论的发展,逐渐从传统会计分离出来的一个会计学分支。相对财务会计来讲,它更侧重于管理,主要向企业内部管理者提供有助于经营管理的财务信息。而价值链会计,一方面它是一个提供价值创造动态信息,以利于协调和优化价值链、实现价值增值的信息系统,另一方面它又是以控制为特征的价值管理活动。2003 年 12 月在海南省海口市举行的“价值链管理与价值链会计专题研讨会”上,代表们认为价值链会计应偏向管理会计的范畴,应被视为一种管理活动,而不应单纯被视为一种信息系统,单纯提供信息使它更贴近财务管理与成本管理方面。

(2)从核算对象来看。归根结底它们研究和反映的都是旨在提高企业经济效益、实现价值创造最大化的活动,只是传统的财务会计、管理会计的对象范围较价值链会计要窄。价值链会计的对象是价值管理对象的数据化和具体化,即价值链信息及其所体现的经济关系,其表现形式是价值链。具体来说,价值链会计的对象实际上就是构成价值链的各种价值活动,而这些价值活动说到底都是旨在提高企业经济效益、实现价值创造最大化。财务会计和管理会计的核算对象早已被会计界确定为资金运动,即能够用货币表现的经济活动,毫无疑问,这些经济活动都是为企业创造利润,提高企业经济效益,实现价值创造最大化而开展的。从内容来看,财务会计、管理会计、价值链会计的内容虽然各有侧重点,但实际上是有联系的。管理会计需要的原始信息要依靠财务会计报表提供;而作为传统管理会计的控制的主要方法——标准成本制度,长期以来就是财务会计的重要组成部分。至于价值链会计,在内容上更是将财务会计、管理会计有机地融合在一起。

首先,价值链会计作为一个信息系统,它所提供的价值信息是围绕价值链条进行收集、加工和报告的,所涉及的内容仍然是以财务会计的内容为基础的,只不过它的空间范围常常超过财务会计所假设的特定会计实体,需要涵盖整个价值链联盟,包括供应商、核心企业以及客户的价值信息,甚至包括竞争者——同行企业的价值信息。此外,当前财务会计对自创商誉、衍生金融工具、人力资本等的确认和计量以及多层次彩色财务报告模式等问题的讨论,为价值链会计提供了研究示范。

其次,价值链会计作为一种管理活动,它更多的内容体系是与管理会计密切结合的,如业绩管理体系、成本控制体系、资本预算体系等。且现代管理会计的作业成本计算、作业成本管理等方法在很大程度被价值链会计吸收。这些都足以说明它们之间内容体系的可融合性。今后,价值链会计与管理会计的结合研究将更多地表现在:长期投资和短期投资决策中对价值链会计的考虑,企业并购与价值链会计的研究,人力资源管理与价值链会计结合的研究等。

(3)从目标来看。会计目标有基本目标和具体目标两个层次,从基本目标这一层次来看,财务会计、管理会计和价值链会计是一致的,即提高经济效益和社会效益。从具体目标来看,财务会计侧重于向会计主体外部利害关系人提供对决策有用的财务信息,包括国家、企业投资人、企业债权人等,当然也为企业管理当局服务;管理会计侧重于帮助企业管理当局加强内部管理,提高经济效益。而这两方面恰恰都构成价值链会计具体目标确立时所考虑的因素。价值链会计的具体目标可以概述为:提供价值创造的动态信息,借以协调和优化价值链,实现价值增值,并进行相应的管理控制。可见,价值链会计具体目标的落脚点在于价值链,在于实现价值链联盟价值最大化,而其中既包括了核心企业内部,又包括其外部利害关系人。

(4)从职能上来看。会计的职能是由会计目标决定的,会计职能的发挥必须以实现会计目标为导向。管理会计职能包括对企业经济活动的预测、决策、计量、组织、控制和考评,这些职能可综合为规划与控制。财务会计的基本职能就是核算与监督,也称为反映与控制。从学科分类来看,价值链会计应属于管理会计的范畴。因此,其职能继承了传统管理会计的职能,但无论如何也摆脱不了财务会计的基本职能,因而主要应包括核算、评价、预测、决策、控制等。这样三者在职能上的结合点最终还是在会计的基本职能上:反映和控制。在这个结合点上对价值链会计的职能进行研究,一方面要考虑价值链会计与传统会计在反映和控制职能上的相同点,如基本方法、基本原则、基本程序相同;另一方面也要挖掘不同点,如在反映和控制的时效性、有用性等方面加以改进等,进而在结合研究的基础上发现价值链会计的创新意义。

第四章　价值链会计的内涵

第一节　价值链会计的本质

从哲学观点看，本质是指事物本身固有的、相对稳定的、决定事物性质的必然联系，即事物的内部联系。本质决定于事物的内在矛盾，是事物比较深刻、比较稳定的方面。目前会计学界对会计本质的认识主要有会计信息系统论、管理活动论、管理活动过程论及会计控制论等。会计信息系统论认为，会计的本质是一个经济信息系统，是在企业或其他组织范围内，旨在反映和控制各种企业或组织的经济活动，而由若干具有内在联系的程序、方法和技术组成的，由会计人员加以管理，用以处理经济数据、提供财务信息和其他有关经济信息的有机整体。

长期以来，我国会计理论界存在着两种对会计本质的认识：信息系统论和管理活动论。会计管理活动论认为会计本质上是一项经济管理活动。杨纪琬和阎达五教授指出：价值管理就是对价值运动管理，包括对价值的形成（含价值的增值）、价值的实现、价值的分配（含已消耗价值的补偿和价值的积累）的管理。在商品经济占主导地位的社会中，会计管理是一种价值管理。价值链管理理论和会计管理活动论的融合点在于“价值”。在价值链中，价值的概念可以从内外两个视角理解，而在会计管理活动中，价值是商品中凝结的无差别人类劳动，它在企业经营过程的不同阶段有着不同的存在状态，如原材料、在产品、产成品等，它以货币为表现形式。两者对价值的理解是一个事物的两个方面：前者趋向于收入方面，后者趋向于成本核算方面。

可见，会计管理活动论把会计界定为一种价值管理活动，价值管理显然与会计管理并不矛盾。价值运动是会计管理的对象，价值增值是会计管理的目标。既然会计本质上是一种经济管理活动，那么就要随着管理模式的变革进行相应的调整，又因为会计管理是一种价值管理，那么会计模式就要与新兴的价值链管理相适应。因此，价值链管理理论和会计管理活动论就构成了价值链会计的主要理论基础。

综上所述，可以把价值链会计定义为以价值链的整体价值最大化为根本目标,以价值活动为研究对象,收集、处理、保存、提供并分析价值信息,将会计工作与供应商价值、企业价值、渠道价值和顾客价值有机结合,实施对价值链的控制和反映的一种经济管理活动。

第二节　价值链会计的特征

价值链会计并非会计学的分支学科,它是传统会计管理在价值链理论下的延伸。价值链会计与传统会计的区别在于,传统会计的对象是单个企业的价值运动,而价值链会计的对象是价值链的价值运动。主要特征有:价值链会计实施的范围是价值链,而不是单个企业。在何谓价值链问题上,不同的人有不同的看法。波特并没有直接给出价值链的定义,但他通过将企业的价值运动分为五种基本活动和四种辅助活动,阐述了企业价值链的构成。因此波特的价值链是狭义的,其目的是研究核心企业的价值增值问题,但本文所讲的是现代意义的价值链,价值链的定义涵盖了核心企业、供应商、分销商、服务商和客户,从而形成了价值链联盟,相对于波特的价值链其内容更加广泛。

其实,价值链实质上是一个虚拟的联盟。价值链是在生产环节、流通环节和消费环节之间建立起的一个与业务相关的动态企业联盟,这一动态联盟的目的就是实现联盟中各企业的资源共享,实现产品的及时生产、及时配送和及时交付,最快地完成资本循环,并获得最多的价值链增值。

价值链会计的目标是实现价值链的价值增值。在价值链上传递的除物流、信息流和资金流之外,更根本的是增值流。从根本上说,客户购买的是商品或服务所带来的价值。各种物料从采购到制造到分销,也是一个不断增加其市场价值或附加价值的过程。价值链上的每一环节增值与否、增值多少都会成为影响价值链竞争力的关键。所以要提高价值链的竞争力,就要消除一切无效劳动,在价值链上每一环节做到价值增值,这也是价值链会计管理的根本目标。

价值链会计的有效实施有赖于价值链各方的通力合作。价值链是由多个企业所组成的企业联盟,因此链上的任何一个企业的决策都会影响到其他企业的决策,一个企业的采购计划、生产计划和库存优化控制等不但要考虑本身的业务流程和所拥有的资源,更要从价值链整体出发,进行全面的优化和控制。因此,要实现价值链上的各方能够消除企业界限,实现协同工作,在着眼于单个企业利益的旧的管理模式下,核心企业与供应商、分销商之间起作用的是赢一输观念,双方都想从对方索取更多的利益。而价值链会计管理的任务之一就是使核心企业与其他各方的关系真正从交易型转向伙伴型,使企业的经营目标从单赢走向双赢,并最终实现多赢。

价值链会计具有信息化、电子化的特点。现代信息技术和网络技术是价值链赖以存在的技术基础。价值链不仅要传递物流、资金流,同时也要传递信息流。现代社会经济中的竞争,已经从单个企业与单个企业之间的竞争转化为价值链与价值链之间的竞争。价值链上的各方要想在竞争中取得成功,关键的一点就是要实现信息的共享与集成,分销商、服务商与核心企业要充分了解用户的需求,并及时与供应商在经营上进行协调,真正做到价值链上的各环节都以顾客的需求作为组织生产和安排库存的基础。只有这样,才能确保价值链的整体增值并使其具有更强的竞争力。为使价值链上的各方能及时根据最终客户的需求合理安排物流,必须依赖于电子信息技术。此外,实时的信息交换还可以节约大量的信息储存和传递成本。因此,电子信息技术不仅仅是价值链会计管理的工具,更是价值链会计管理的重要组成部分。

一、从学科归属视角看价值链会计的特征

至今,价值链会计还只是一个研究领域,尚不能称为一门独立的学科,但是明确价值链会计在会计学科体系中所处的位置还是很有必要的。对于一个新的研究领域理应尽早明确其学科归属以及问题域,"从学科分类的角度,价值链会计应属于管理会计的范畴"(纂好东、杨志强,2004),价值链会计并非会计学的分支学科,它是传统会计管理在价值链理论下的延伸。既然价值链会计属于管理会计的范畴,理所当然会具备管理会计的某些特征:

(一)观念的战略性

对于管理会计来说,观念的战略性具有两层意思:从纵向来看,管理会计为企业提供目标形成和决策所需信息时应有长远的观念;从横向来看,应有全方位的观念,即所提供的信息应包括内部情况和外部信息,诸如竞争对手、市场发展趋势等方面的情况。从价值链会计的目标来看,其目标之一是提供创造价值的信息。以价值链管理为核心的价值链会计是一个信息系统,它向其服务的对象——企业管理当局提供优化业务流程、实现价值增值决策所需要的价值信息。这些信息内容包括企业上游价值提供者— 供应商和下游价值接受者— 客户的价值信息,甚至包括竞争者——同行企业的价值信息,这正符合了上述管理会计全方位的观念。而且,价值管理作为一种理念,强调的是价值视角的战略管理。

(二)多元性

传统的管理会计是对内报告会计,主要为企业内部管理人员决策提供服务。随着经济的高速发展,传统管理会计已远远不能满足管理者的要求。21 世纪管理会计是战略管理会计,这种战略管理会计是为企业战略性竞争优势的形成和保持提供服务。这就要求管理会计不仅应为企业战略目标的形成、业绩的

评价、竞争优势的形成和管理者提供所需信息,还应为股东了解公司采取某一特定的方针、政策的原因提供信息;为客户提供产品价格上涨原因的信息;为潜在投资者了解企业的财务状况以及其他相关方面的信息提供服务。也就是说,管理会计服务对象越来越多元化,而上述多元化服务的完成离不开价值链会计信息的运用,即价值链会计的多元化运用是为了管理会计服务多元化的实现,这就体现出价值链会计服务对象的多元性。

另外,由于价值链会计是建立在价值链管理理论基础之上,其目的是要实现核心企业价值增值最大化和经济联合体价值增值最大化(管理会计的目标),从而需要满足多方的不同价值信息需求。需求的多样性,又决定了其信息的多元性和信息处理的多元性。

(三)灵活性

从遵循的规则看,价值链会计不受公允的或国家统一的会计准则、会计制度的约束,而是根据企业内部管理者的需要,灵活地选择计量和计算、评价和分析、反映和反馈的程序和方法。例如,在计量单位上,同时采用货币计量与非货币计量两种计量中的一种;在计算方法上有充分的灵活性;在评价和分析方法选择上具有多样性。这也恰好是管理会计区别于财务会计的一些重要特点。

二、从价值管理视角看价值链会计的特征

价值链会计,又可称为价值链会计管理,它是以市场和客户需求为导向,以核心企业为“龙头”,以价值链的整体价值增值为根本目标,以提高价值链竞争力、市场占有率、客户满意度和获取最大利润为具体目标,以协同商务、协同竞争和多赢原则为运作模式,通过运用现代信息技术和网络技术,从而实现对价值链上的物流、信息流和资金流的有效规划和控制的一种管理活动。价值链会计管理的目的就是要将核心企业与供应商、分销商、服务商、客户连成一个完整的网链结构,形成一个极具竞争力的战略联盟,通过价值链的创建,实现整个价值链的低成本或差异化的竞争优势以真正实现“多赢”。从定义可知,价值链会计是以价值链整体增值为目标的管理活动,在某些方面与传统会计有所不同。从价值管理角度来看,其主要特征有:

(一)广域性

价值链会计超越了传统会计主体的范围,扩展至价值链条上的相关企业。同时,由于价值链会计管理是以价值管理为核心,需要渗透到价值活动的每一个领域。可见,价值链会计较传统会计而言有更宽的广域性。

(1)空间的广域性。价值链会计在进行价值链分析、计算等活动时,不仅要考察本企业的价值链价值增值性,而且要考察竞争对手、供应商、销售渠道甚至整个行业的价值链的价值增值情况,从而在空间范围上具有广域性。

（2）内容的广域性。价值链会计的内容包括全部价值信息，具体来说是构成价值链的全部作业，即内部后勤、生产经营、外部后勤、市场营销、服务五项基本作业和采购、技术开发、人力资源管理、企业基础设施四项辅助作业。

（二）协作性

价值链会计管理的有效实施有赖于价值链各方的通力协作。价值链是由多个企业所组成的企业联盟，因此链上的任何一个企业的决策都会影响其他企业的决策，一个企业的采购计划、生产计划和库存优化控制等不但要考虑本身的业务流程和所拥有的资源，更要从价值链整体出发，进行全面的优化和控制。因此，要实现价值链整体的增值，就需要价值链上的各方能够消除企业界限，实现协同工作。

（三）信息化、电子化

现代信息技术和网络技术是价值链赖以存在的技术基础。价值链不仅要传递物流、资金流，同时也要传递信息流。现代社会经济中的竞争，已经从单个企业与单个企业之间的竞争转化为价值链与价值链之间的竞争。价值链上的各方要想在竞争中取得成功，关键的一点就是要实现信息的共享与集成，分销商、服务商与核心企业要充分了解用户的需求，并及时与供应商在经营上进行协调，真正做到价值链上的各环节都以顾客的需求作为组织生产和安排库存的基础。只有这样，才能确保价值链的整体增值并使其具有更强的竞争力。为使价值链上的各方能及时根据最终客户的需求合理安排物流，必须依赖于电子信息技术。此外，实时的信息交换还可以节约大量的信息储存和传递成本。因此，电子信息技术不仅仅是价值链会计管理的工具，更是价值链会计管理的重要组成部分。

（四）系统性

价值链管理包括三个层次：第一，基本作业、辅助作业内部的作业管理；第二，企业内部的价值链管理；第三，企业外部的价值链管理。从而使得建立在价值链管理上的价值链要从系统的观点出发，正确地处理作业与作业、业务流程与业务流程、企业价值链与供应商和销售渠道价值链之间的关系，其提供的信息、提出的建议、业绩的测评要服务于系统的整体优化。

第三节　价值链会计的目标

会计目标是会计最基本的概念之一，是会计行为主体在一定的社会环境中通过会计实践活动所希望达到的目的、境界或结果。会计目标从构成内容上可分为基本目标、一般目标和具体目标三个层次。其中，基本目标在会计目标体系中占主导地位,是直接制约着其他会计目标的总体性目标层次,包括提高经济效益和社会效益两方面;一般目标在会计目标体系中具有承上启下的地位,体现了会计主体对会计活动直接要求的一般性目标层次,包括提供会计信息和利用会计信息两个方面;具体目标在会计目标体系中具有基础性地位,并体现了会计主体对会计活动最具体要求的基础性目标层次。

会计目标是会计理论结构的最高层次,是会计基本理论和实务研究的基石和逻辑起点,是会计工作所期望达到的目的或境界,它的内容既是人们主观愿望的体现,又要受到客观环境条件的制约和影响,是会计工作的基本导向和会计职能的具体化。价值链会计的目标也就是价值链会计系统运行所期望达到的目的或结果,是价值链会计系统运行的指南。

波特认为,企业的各项活动都可以被看作是价值活动。各种价值活动之间并不是孤立的,而是有序联系着的。这种有序联系的价值活动就形成了企业的价值链,也可以说价值链是企业价值活动的载体。随着市场竞争的加剧,企业逐渐将管理的视线由利润最大化转到价值增值最大化,以期取得企业的竞争优势。相应地,企业管理的重点也随之转到价值活动及其载体——价值链上,管理目标也锁定在价值链每个环节的增值额上。价值管理已成为现代企业管理的核心内容,价值链会计是会计参与价值链管理的一种会计管理活动,同其他各项价值链管理活动一起对价值链进行管理。所以,价值链会计作为企业价值链管理的重要组成部分,其终极目标自然应与整个价值链管理的目标一致,即企业价值增值最大化。价值链可以分为企业内部价值链和产业价值链两类。内部价值链是指企业内部的价值运动。产业价值链是指企业外部的价值运动,在价值链管理中一个价值链活动与其他价值链活动彼此间的关联称为联结,这种联结除了企业内部的关系外,也包括与供应商上游和客户下游间的垂直联结。具体地讲,产业价值链主要反映从资源到产品的价值运动过程,由供应商、企业、渠道和顾客价值链构成,也称为行业价值链。

价值链管理本质上是对企业价值链不断优化和协调的过程,以期最大限度地发挥其价值增值的效能。在这个过程中,要运用到多种管理方法,涉及生产、营销等多项管理活动。价值链会计实质上是会计运用其独特的信息处理系统和核算体系来参与价值链管理的一种会计活动,它既是企业价值链管理体系的重要组成部分,又是企业价值链管理当局对价值链进行有效管理的一种工具。价值链管理当局使用价值链会计这种工具的目的是获取对优化价值链管理决策有用的价值信息,而价值链会计由于自身的会计特性,能够对价值链运行中的价值信息进行收集、加工和报告。价值链会计所提供的价值信息直接服务于企业价值链,管理当局优化价值链业务流程、对价值链进行有效管理的决策。所以,价值链会计的价值信息是否对决策有用就成为评价价值链会计工作优劣的重要标准,提供对企业价值链管理决策有用的价值信息就成为价值链会计具体的、直接的、现实导向性目标。需要说明的是,这里的价值信息与企业的财务会计信息是不同的。从服务对象看,价值链会计提供的信息只服务于企业价值链管理当局,而不对外提供;从信息的范围看,价值链会计提供的信息以价值链为主体;从信息的内容看,价值链会计提供的信息不仅包括企业内部信息,而且包括沿着企业的价值链延伸到企业外部——上游供应商和下游客户的价值信息,甚至还包括同行竞争者的价值信息。

从价值的运动来看,价值链管理谋求的是各个链环的价值增值以及整个产业价值链的最大化价值。企业关心的将不仅仅是企业自身,而是它所置身其中的产业价值链,合作伙伴之间共同的利益将使企业对各个环节的成败加以关注。会计管理既然是一种价值管理,就要以价值链的价值增值为其会计目标,不仅是企业内部价值链的价值增值,更重要的是整个产业价值链的价值增值。于是,可以把价值链会计的目标表述为:提供价值创造的动态信息,借以制定协调和优化价值链、实现价值增值的决策,并进行相应的管理控制。需要说明的是,虽然价值链会计的终极目标是企业的价值增值,但不宜把价值增值定义为价值链会计的目标。这是因为,对任何事物,尤其是作为一种管理活动目标的定位应具有特异性,否则这种定义会失去导向意义。众所周知,企业的一切管理活动说到底都是围绕价值增值来进行的。所以,对某种管理活动目标的定位应主要是指直接的目标,而不是终极目标。

第四节　价值链会计的对象

对象是行动或思考时作为目标的人或事物。会计对象是会计反映和控制具体内容的抽象概括,是研究会计基础理论的一个起点。只有明确了会计的对象,会计理论研究才能得以全面展开,会计实务工作人员才能明白自己的工作范围,最终更好地为经营管理提供高效高质量的服务。在不同的阶段,人们对会计对象的认识也不相同。传统会计中会计对象的主流观点是资金运动论,即会计核算的对象是社会资金及资金运动。现代会计的对象是资金运动(价值运动)。

会计对象是指会计核算和管理的客体,也就是会计核算和管理的内容。因此,价值链会计对象就是价值链会计核算与管理的内容。

价值链管理以价值增值为目标,通过区分增值与非增值作业,减少一切不必要的作业,提供顾客满意的产品,达到价值链价值的最大化。而会计对象是企业的价值运动,由于工业时代的管理需求和职能分工,这种价值运动被限制在货币表现的范围内。借助现代信息技术,会计管理活动完全可以突破这种限制,基于价值链管理的需求而扩展其对象的范围,将其延伸到企业的作业层。因此,价值链会计的会计对象就是价值链会计所要控制和反映的客体,即价值链管理中的价值运动,而价值链管理中的价值运动又是以资金流、物流和信息流为载体表现出来。物流是指企业从原材料、能源等的购进到生产出产品出售,即实体物质发生物理状态变化的过程。它是资金流和信息流运动的基础。资金流是伴随着物流形成的资金流动过程。在这一过程中,资金的存在形式虽然发生了一些变化,但其本质并没有改变。信息流是与物流相伴的各种信息的运动,它是企业价值链顺利运行的中枢神经,它使价值链各环节的业务活动得以协调配合,从而形成一个有机的整体。抽象地说,在企业价值链中,物流的运动过程,也是价值的投入、创造、消费和分配的过程,亦即实现价值增值的过程。价值运动表现为资金的运动,价值链中资金的流向和流量则表明了价值的运动和转移过程,价值链中的物流和资金流共同表现为价值流,集中反映了价值链背后深层次的经济关系。通过以上分析,参照阎达五教授的观点,价值链会计的研究对象是价值链信息及其所体现的经济关系,包括价值信息的收集、价值信息的加工、价值信息的存储、价值信息的提供和价值信息的利用等。这里不再区分财务信息与非财务信息,凡是进入企业价值链的价值信息都在研究范围之内。之所以强调价值信息的科学合理性,是因为“它是要求完整信息的唯一标准”。例如,消费者只需要知道价格信息就可以做出决策,环保部门只需要了解企业环境污染的价值损失就可以做出相应的决策。

第五节　价值链会计的职能

职能,指客观事物本身所固有的功能。会计职能是会计固有的功能,是会计本质的体现。会计目标的实现要履行会计的职能。而会计职能和会计环境存在着密切的联系,会计环境将通过会计对象、会计目标等制约会计职能的发挥。价值链会计的职能就是价值链会计在企业及价值链联盟的价值链管理中具备的功能。价值链会计借助于信息技术、集财务会计和管理会计于一体的价值链管理活动的本质决定了价值链会计的多职能。

一、实时反映职能

反映是一项首要和基本的会计职能。它是指会计以货币为计量单位,通过确认、计量、记录、报告,从数量上反映企事业单位一定时期正在进行或已发生、完成的经济活动。价值链会计反映职能的特点之一是实时性,它不受会计制度所规定的会计期间的限制，而是实时地反映企业价值链流入、创造、流出等价值活动信息。这一实时反映职能包括简单反映和在评价基础上的反映。简单反映是指对价值创造和价值流转的信息进行简单的加工和处理，并加以反映，以供管理者决策和实时管理控制使用。而在评价基础之上的反映，则是一种经过比较、分析和评判基础上的反映，是一种更高级的反映。通过价值链会计评价创造价值的各项作业活动，识别增值作业和非增值作业，高增值作业和低增值作业；哪些是价值链上的关键环节作业，哪些作业活动宜于企业自己做，哪些作业应该转给其他企业来做，从而实现对价值链的管理。价值链会计反映职能的另一特点是反映的范围扩大。除了反映本企业的经济活动外，还可以反映价值链的上游—供应商和下游—客户的经济活动。从目前看，这一职能还无法实现，但是随着信息技术的发展，价值链联盟各节点企业借助网络技术终有一天可以实现无缝链接，则反映价值链上其他企业经济活动情况的这一职能可以较容易实现。

二、实时多维控制职能

会计的控制职能是指会计依据一定的规则和标准，应用一定的方法对会计主体的生产经营活动所进行的驾驭或支配，即通过指挥、调节和监督等手段完成预期的目标。和传统的会计控制职能相比较，价值链会计的控制职能表现为在实时评价基础上进行多维的全方位控制。即会计人员利用现代技术手段和有关信息，对企业经营活动的全过程进行实时对比和实时分析，并通过指挥、协调和约束等环节干预企业的经营业务，以实现提高经营效率和效益，从而达到价值增值最大化这一终极目标。和传统的企业管理相比，价值链管理注重价值链联盟上各企业每项价值创造活动的分解和集合，通过整合价值活动，实现价值增值的最大化。而整合价值活动的基础是协调、控制价值创造活动，也就是要对价值链联盟各企业每条价值链价值创造活动的业绩管理、成本管理、资本预算、薪资报酬等进行协调和控制。由于价值链会计超时空的限制，借助于信息技术就可以实现财务与业务的协同处理，其触角伸向价值链联盟的每一个角落，对每个企业的任何一项价值活动或业务进行实时控制已成为可能，所以这些管理控制活动主要由价值链会计来完成。价值链管理面对的是一个价值网络，包括内部价值链、纵向价值链和横向价值链。内部价值链是指对企业内部各种价值活动的分析；纵向价值链是指向前延伸至供应商，向后延伸至顾客环节，甚至延伸到供应商的供应商、顾客的顾客等一系列环节；横向价值链指的是企业与行业内竞争对手之间的某种联系。所以这种网络结构就决定了服务于价值链管理的价值链会计对价值链的控制应该在实时评价基础上进行多维的全方位控制。

三、预测职能

会计预测职能的含义是:会计通过所反映的经济业务,提供会计信息,根据这些会计信息,找出会计各个要素及相互之间变化规律来预测企业未来财务状况、经营成果、现金流量的发展变化趋势。价值链会计的预测职能范围更广,一方面要预测价值链上各种可能的价值活动,另一方面还要预测这些价值活动的价值效应,亦即预测哪些环节会出现增值效应及其可能的价值增值额,而哪些环节可能会出现零增值效应和负价值效应及它们对企业总价值增值的影响程度等。

四、决策职能

会计决策的主要依据是会计预测,是根据预测结果分析与选择能达到管理目标的最优方案的过程。在具体的决策过程中,价值链会计管理目标可以分解成许多子目标,总目标的实现依赖于这些子目标的实现,这样,决策的视角由抽象的总目标转向具体的子目标。对于价值链会计而言,各个子目标应根据企业的不同价值链分别设定。例如,对纵向价值链上的资金活动进行管理的目标是保证资金从顾客顺畅地流向供应商,对采购活动和销售活动进行管理的目标是确保产品从供应商顺畅地流向顾客;横向价值链上的竞争优势分析的目标是确保企业保持和增强竞争优势;对内部价值链上的成本活动进行管理的目标是保证企业的生产成本最低并持续降低,对价值增值活动进行管理的目标是确保各个价值增值单元获得最大的价值增值,强化具有正价值效应的价值活动的价值增值能力,而消除具有零价值效应和负价值效应的价值活动对企业价值增值能力的负面影响,等等。价值链会计决策的目标就是以预测结果为依据,结合未来可能的影响因素,提出使这些子目标得以实现,从而保证总目标得以实现的最优方案。

第六节　价值链会计的要素

价值链会计的会计要素是会计对象的具体化。传统的会计要素主要反映资金运动情况,包括资产、负债、所有者权益、收入、费用、利润等。而价值链会计除了反映企业及价值链的资金运动情况外,还要反映企业及价值链的价值增值情况。因此,价值链会计的会计要素还要包括有关的价值信息。具体来说,价值链会计的会计要素由资产、负债、所有者权益、投入、产出、增值六个要素。

(1)资产:企业拥有或控制的、由于过去的交易或事项形成的,能给企业带来未来经济利益的各项经济资源。其内容不仅包括实物资产，还包括人力资产、虚拟的金融资产等。

（2）负债：由于过去的交易或事项形成的，将导致企业未来经济利益流出的现实义务。

（3）所有者权益：企业投资人对企业净资产的所有权。在价值链会计中，人力资本也被作为企业的一种权益来确认和计量，即资本所有者不是企业唯一的所有者，人力资产投入者也成为权益人。

（4）投入：为获得一定的产出而发生的各项耗费。企业投入、流程投入和作业投入是投入的三个层次。

（5）产出：指企业各项价值活动的结果。企业产出、流程产出和作业产出是产出的三个层次。

（6）增值：是指企业在一定时期内创造的价值。包括作业增值、流程增值和商誉、人力资源、联系和协同等带来的评估增值。

第七节　价值链会计的逻辑起点

一、逻辑起点的含义

科学认识论认为，逻辑起点是构造一门学科理论体系的出发点，是该学科理论体系中最基本、最抽象、最简单的一个理论范畴，它对该学科其他理论要素的建立和发展以及整个理论体系的构建，起着决定性作用。逻辑起点对理论结构有着直接的影响，不同的逻辑起点会形成不同的理论结构。研究和构建会计理论结构，首先必须正确选择逻辑起点。

逻辑起点它不仅是理论体系的一个组成部分，而且对该学科其他理论要素的建立和发展以及整个理论体系的构建起着决定性作用。逻辑起点是会计理论体系诸范畴推理的基础，会计理论体系的起点理论，又称会计理论体系的逻辑起点理论，是指构成会计理论体系的出发点，是该学科理论体系赖以推理论证的本源性的抽象范畴，而且亦是对该学科理论体系的构成具有决定作用的前提理论。

一个逻辑体系严密、内容完整、前后一贯的会计理论体系应以会计基础理论体系逻辑起点为基础，推理概括出其他相关诸抽象范畴。如果会计理论不能前后一致，必将严重影响会计的科学性，甚至难以成立。

二、会计理论体系逻辑起点选择的意义

会计理论体系逻辑起点选择出发点是由会计理论体系的本质和其研究方

法所决定的。会计理论体系本身是按照会计理论诸要素之间的逻辑关系建立的逻辑推理体系,从使用的方法上说尽管实证研究方法在会计研究中得到广泛应用,但会计理论体系作为逻辑推理体系建立时主要依照的是规范性方法的演绎法。演绎法是从一般的概念和原理出发推导出个别结论的思维方法。运用演绎法建立会计理论体系,首先必须确定以怎样的一般概念和原理作为演绎推理的出发点,表现为会计理论体系的逻辑起点。推理过程中推理形式应符合逻辑规则。当然逻辑起点和演绎推理的结论应用实证研究方法进行验证。

会计理论体系逻辑起点的正确选择的重要意义:

(1)可以增强推理体系的逻辑性、严密性和科学性。总体会计理论体系包括众多的会计理论要素。如果逻辑起点模糊或不妥当,就不能保证会计理论体系各要素之间严密的逻辑性,从而不能保证体系各环节前后一致、浑然一体。

(2)有助于人们明确研究思路,统一大家的认识,提高会计理论研究的效用。

(3)可以更好地指导会计实践对会计理论起点的研究,不断充实、完善和发展会计理论以更好地指导会计实践。

(4)可以评价会计理论体系的研究工作的有效性,从而推动会计理论体系研究工作的深入开展。

三、价值链会计理论体系的逻辑起点

价值链会计理论体系的逻辑起点是价值链会计的目标。价值链的会计目标,是价值链会计行为主体在一定的社会环境中通过会计实践活动所希望达到的目的、境界或结果。价值链的会计目标,体现了会计行为主体的意图,引导和左右着会计的实践活动。因此,价值链会计目标是价值链会计理论的最基础的和首要的部分。

价值链会计目标起点论认为,任何研究领域都要以阐明研究范围与确定它的目标为出发点。作为一个体系,价值链会计理论应首先明确其目标,没有目标的体系是不可想象的。构成会计理论体系的各种会计理论只有以会计目标为依据,才能可靠和首尾一贯地形成体系。因此,价值链会计目标起点论不以会计理论研究对象作为确定会计理论体系的基础,也不以市场经济环境作为会计理论的先决条件,而是以价值链会计目标作为建立价值链会计理论体系的首要依据和前提。

第五章　价值链会计的理论结构

第一节　价值链会计的假设

一、会计假设的特性

价值链会计假设的提出，应具有作为假设所应具备的特性。了解会计假设的特性，可据以验证提出的价值链会计假设是否科学和合理。

（一）会计假设具有主观见之于客观的特性

一方面，会计假设的提出必须以一定的经验、事实材料为基础，并以一定的科学知识为依据，因此，它所揭示的会计事物的前提条件本身具有客观性；另一方面，对会计事物前提条件的认定又是人们主观推断的结果，因而，会计假设又具有很大的主观性。现行的四大会计假设，便是如此。所以，提出的价值链会计假设应能够反映客观实际，合乎价值链会计事物的本来面目。

（二）会计假设应具有逻辑性和抽象性

假设本身不能是经验、事实材料的简单堆砌，而是由概念、判断和推理构成的逻辑关系。现行的四大会计假设的提出实际上就是确立一种服务于会计确认、计量、记录与报告的内在逻辑关系。假设的抽象性是指假设应是在一系列经验、事实材料基础上的提炼与概括。一般而言，会计假设的抽象性决定了它的普遍性，抽象程度越高，概念的范围越广，其普遍意义也就越大。所以，提出的价值链会计假设也应具备高度的逻辑性和抽象性。

（三）会计假设应具有完整性和独立性

会计假设作为一个完整的体系，在整个会计理论结构中，一方面各项假设必须首尾贯通、浑然一体；另一方面各项假设之间必须相互协调，不得相互抵触矛盾。独立性是指各项假设虽然构成了一个完整的体系，但应相互独立，不得为其他假设所包含或相互包含。所以，提出的价值链会计假设也应体现完整性和独立性。

（四）会计假设应具有务实性和有效性

会计是一门应用科学，因此它的理论必须具有实践指导意义。务实性要求建立的各项会计假设必须是言之有物，有针对性，又可操作，而不是空洞的束之高阁的装饰品。会计假设一旦建立,并不是一成不变的,它应随环境的变化、会计目标的变化而变化,使之能有效地指导会计实践。因此,应根据不同时间的环境条件和目标的变更对会计假设体系作不断的修正,以适应新经济环境的需要。现行的四大会计假设是在工业经济环境下建立的,在知识经济时代已表现出很多的局限性。所以,提出的价值链会计假设应充分地注意其务实性和有效性。

二、会计假设的内容

(一)价值链战略联盟假设

会计主体又称会计实体,是会计核算的服务对象。会计主体假设是会计假设的基石,会计主体假设的主要作用在于规定了会计应处理的交易事项的空间范围,从而规定了会计管理的内容与边界。传统的会计主体都是有形而稳定的实体组织,界限明显。在知识经济时代,随着网络技术的发展和知识资本在经济发展中的作用不断加强,"网络公司、虚拟企业"大量出现,大大扩展了会计主体假设的领域,使会计主体面对"虚"、"实"两个空间,"虚"的空间即实体网络公司以及"实"的企业或企业间兼并、破产及母子公司集团。价值链的实质是一个虚拟的企业联盟,依靠电子信息技术,以满足顾客为中心,通过将核心企业与供应商、分销商、服务商、客户连成一个完整的网链结构,构成一个信息共享、优化配置、相互联系、利益协调的价值系统,形成具有整体效率的极具竞争优势的动态战略联盟。通过战略联盟的建立,实现价值链联盟的价值增值,从而使核心企业价值最大化。很显然,传统的以单一企业形式存在的会计核算主体不适用于价值链管理,必须扩展会计管理的空间范围,成为以价值链联盟形式存在的会计管理主体,即价值链战略联盟假设。理由如下:①价值链会计管理的对象是价值链条上的价值增值流,反映在整个价值链中的价值运动中,传统的限于企业内部的价值运动已经被贯穿于价值链战略联盟的价值运动中。②价值链会计管理的目的,是通过战略联盟,营造整个价值系统的竞争优势,实现的是整个价值链联盟的增值,而不仅是某一个企业的增值。基于此,把价值链会计的管理主体界定为价值链战略联盟假设,可以使联盟中的各成员更好的互动与协作,有助于价值链战略联盟的稳定性,最终实现整体的价值增值目标。需要注意的是,价值链会计的管理主体——价值链战略联盟不是稳定不变的,会随着企业经营目标的需要随时进行调整,比如上游供应商的选择,下游服务商、客户的更改等,都会导致价值链联盟进行重新整合。总的来说,价值链联盟假设给价值链会计提供了一个虚拟和开放的空间。在知识经济时代,价值链会计主体假设扩展为价值链联盟假设。

(二)项目存续假设

持续经营假设是指假定一个企业在可预见的将来会持续经营下去,不会清算或破产,它限定了会计核算的时间范围。事实上,这一假设具有很大的局限性。一个企业不管它的规模大小,它总是一个有着有限生命的组织,一旦发生能够证明会计主体已无法履行其所承担的各项义务情况时,持续经营假设就失去了支持它的事实基础。在知识经济时代,科学技术飞速发展,竞争日趋激烈,企业的经营风险日益加大,企业随时都有可能被并购、清算、终止。而虚拟企业具有动态性、临时性、短暂性的特征,成员间是一种松散的联盟,企业可按市场的需求适时介入、退出和转换,这种联盟一旦完成某项交易立即解散。这些都使会计主体的多变性更加明显,人们更加难以辨别一个主体是否能持续经营,从而使建立在传统持续经营假设基础上的许多会计处理方法不适用于实施价值链管理的企业,取而代之的是项目存续假设。项目存续假设可以表述为以核心企业为中心的价值链联盟从开始组建到实现共同目标为止的存续期间。价值链联盟是以顾客价值为驱动力而组建的,实现价值链联盟的价值增值。因此,市场机遇是价值链联盟建立的前提,它们多是基于具体项目、产品或服务的合作。随着市场机遇的消失或者项目的完成,价值链联盟也随之解体。很显然,价值链联盟不是一个稳定的联盟,其存续的时间长度伸缩性很强。但在项目合作过程中,价值链联盟的运行是持续不断的。因此,项目存续期假设,使价值链会计的计量更加符合价值链管理的要求。知识经济时代,价值链会计假设将持续经营假设扩展为项目存续期假设。

(三)交易期间假设

在工业经济时代,由于技术的限制使会计信息系统收集、处理信息需要较长的时间,于是要求必须为编制报表留出一定时间,所以在传统的持续经营假设基础上产生了会计分期假设,即人为地将企业持续经营的时间划分为一个个相对独立又相互连续的期间,以使企业定期对外报告信息。会计分期假设便于核算和报告企业的财务状况和经营成果,反映受托经济责任的履行情况。但是在知识经济时代,信息充分、及时的利用成为决策制胜的关键。那种人为地划分会计期间将不可避免引起会计信息的部分失真,导致定期提供的会计报告所反映的信息严重滞后,从而不利于信息使用者决策的需求,这是会计分期假设本身固有的缺点。经济的网络化、电子化,国际互联网以及企业内部网将所有的企业连在一起,使得虚拟企业的事项或交易可以在瞬间完成,资金可在瞬间划拨。激烈的竞争机制要求决策者必须在较短的时间内做出反应,这就要求企业必须提供及时的、最新的会计信息,会计报告期必须缩短。由于计算机技术、网络技术的广泛应用,电子联机实时报告系统可使信息使用者通过网络随时获得动态的财务报告,而不必等到会计期间结束后才可获得,这就有效避免了会计信息失真和滞后的问题。对于实施价值链管理的企业来说,会计分期假设则可发展为实时按需获得信息的非等距交易期间假设。价值链实质是一个虚拟的动态联盟,即虚拟企业的组成成员之间的是一种松散联盟,可以在短期内仿效整合的公司形式,也可以在短期内解除这种联盟。对于这种短暂的经营过程,再去人为划分多个时间间隔已无必要,这时可以以"链上实体的交易期间"作为会计期间,每次交易结束后编报一次会计报告即可。这样做可以使交易的账务处理保持完整性,同时也可以有效地避免了跨期摊配时人为进行调节等问题,成本和费用的分配也不存在进行配比的问题,便于企业进行清算。价值链联盟的不稳定性,使联盟中各成员,都需要及时地了解价值链上各节点的增值情况,从而全面地掌握价值链的经营运作情况。而电子联机实时报告系统的使用解决了这一问题,它使信息提供者与信息使用者双向交流成为可能,使企业在任何时点,都可将已发生的经济交易和事项反映在财务报告上,信息使用者则可从网络上随时获得最新的财务报告,而不必等到某个会计期间结束才可获得,从而大大提高了会计信息的实时性。采用信息化技术,使会计分期的时间间隔趋向于无穷小,变"历史信息"为"实时信息",把各时点的报告连在一起,就可以连续反映一个企业经营过程的全貌。因此,知识经济时代,价值链会计假设将会计分期假设扩展为交易期间假设。

(四)价值计量假设

货币计量假设是指会计人员进行记录、分类、汇总财务报告时,可以用货币来计量经济信息。货币计量假设本身就存在严重的缺陷。网络环境下,单纯用货币计量提供的会计信息,已越来越不能满足信息使用者的要求。诸如顾客满意度、产品市场适应能力、价值链整体创新能力等信息难以用货币计量,但对使用者决策却有重大参考价值,如果单纯用货币来计量,那么,它们都将被排除在财务报表、甚至是财务报告之外。近年来,会计报告的使用者十分重视会计信息的相关性和前瞻性,期望会计报告能够提供更多的面向未来的非货币信息,以便做出合理、有效的决策,从而避免因不慎而招致的决策失误。因此,必须改进计量手段,实现计量手段多元化,扩大财务报告的信息容量,增加非货币化的信息,为使用者提供完整、全面的会计信息。在知识经济时代,货币的形式也将发生深刻变化,电子货币的出现,引发了货币革命与支付革命,使货币真正成为观念上的产物。同时,也加速了企业资金的周转速度,节约了交易成本,提高了企业的经营效率。对于实施价值链管理的企业来说,必须采取一定的手段掌握核心企业的潜在价值及战略伙伴的合作价值,才能组成一个具有竞争优势的战略联盟。

价值链会计反映的是价值链联盟整体经营状况的价值信息,包括一切能创造价值的交易和事项。对于这些价值信息,单纯的货币计量不可能全面的反映出来,而必须采取多元化的计量形式来予以反映。一般把这种用多元化的反映价值信息的计量手段统称为价值计量。其理由如下:一是避免了货币计量的单一性的缺陷,实现了多元化的计量手段来反映企业全方位的信息,满足了信息使用者决策的需要;二是发达的信息技术使会计计量多元化和非货币化的价值计量形式成为可能。因此,知识经济时代,价值链会计假设将货币计量假设扩展为价值计量假设。

价值链会计是与新兴的管理模式——价值链管理相适应的,因此必须在传统的会计假设基础上进行继承和创新,为此,应该还有以下几个假设:

(五)决策本位假设

传统会计是建立在信息系统论基础上的,其职能是提供决策有用的信息,换句话说,就是提供信息、支持决策,会计人员除在其积极的范围内直接进行的决策活动外,并不是企业经营活动的直接决策者,而只是收集相关数据、提供信息、备选方案讨论的参与者。因此,传统会计具有参与经济决策的性质,并对所决定的策略以及对决策可能产生的后果进行综合研究和分析并提出有价值的建议。由此可见,决策是独立于传统会计之外的一种客观存在。但笔者认为,价值链会计不仅仅是一个信息系统,它除了向企业管理当局提供优化业务流程、实现价值增值决策所需要的价值信息外,它更是一种管理活动,主要是指价值链会计通过对企业各价值链条的物流管理体系、价值创造活动的成本控制体系、业绩管理体系、资本预算体系、薪资报酬体系等实现对企业价值链增值活动的控制,涉及筹、融资额度与渠道、投资方向、目标成本和利润等战略层面,并直接参与决策。因此,决策应该作为价值链会计的一个基本职能,是价值链会计管理的一个重要组成部分,是内置于价值链会计中的。即价值链会计首先是一个提供价值创造动态信息,以利于协调和优化价值链、实现价值增值的信息系统,然后是依据价值信息进行控制和决策的价值管理活动。

(六)资源分配的效率差异假设

在社会经济生活中存在这样一个客观现象,即每个企业的资源要素相对禀赋不同。比如说,有的企业资金雄厚,有的企业拥有一大批高科技人才,而有的企业却存在人员素质普遍较低的问题。另外,不同企业在相同资源要素的使用效率方面也存在差异,价值链各环节所要求的资源要素相差很大。如产品的开发环节所要求的主要是受过高等教育、具有专业技术和首创精神的科技人员,宽松自由的组织环境和鼓励创新、提倡独立思考的企业文化;而产品的装配环节则需要大量的普通工人和严格的劳动纪律,全面质量管理和成本控制。资源分配的效率差异导致企业与企业之间的比较成本优势体现为各自的价值链上某一特定环节的优势,从而导致各企业之间按不同的价值链环节分工的现象。这也正是在全球运动鞋价值链系统中,耐克公司占据技术研发与市场营销环节,而中国以及许多第三世界国家却处于生产制造环节的秘密。其原因主要是高档球鞋行业的战略环节是产品设计和营销控制,价值创造也主要取决于新产品研发和营销组织管理,但其对企业资源要素和使用效率要求甚高,耐克公司资金和研发力量雄厚,正好符合价值链这一环节的要求。而制造环节相对简单,就更适合具有劳动力成本优势的发展中国家。根据理性经济人假设,承认资源分配的效率差异就必然承认各个企业按各自的资源优势在价值链的不同环节进行分工的现象。下面介绍的比较能力优势假设,将带来价值链整体增值最大化。

(七)比较能力优势假设

价值链理论的基本观点是,在一个企业众多的价值活动中,并不是每一个环节都创造价值,企业所创造的价值,实际上来自企业价值链上的某些特定的价值活动,这些真正创造价值的经营活动就是企业价值链的"战略环节"。不同企业的战略环节是不同的,因此,应该以价值链的具体增值活动环节为分析单位来考察一个企业的比较能力优势。比较能力优势是经济发展中的一种相对优势,它是在承认资源分配的效率差异基础上建立起来的。由于各企业之间资源分配和使用效率存在差异,在市场经济中,它们都将分别按自己资源丰富并且使用效率高的环节实行分工,即根据各自的"特长"进行专业化生产。这里的特长就是指"比较能力优势"。

价值链会计中的比较能力优势假设有两层含义:

(1) 横向价值链的比较能力优势。比较能力优势产生的根源在于各个企业的资源要素相对禀赋的不同以及不同商品生产在要素使用密集形式上的差别。因此,企业应当优先生产那些密集使用本企业相对充裕要素的产品。一个企业并不可能在每一个环节都有竞争优势,只要在一个或几个环节上有优势就有能力参与竞争。比如,中国劳动力资源丰富,具有比较成本优势,因此制造业发达,成为劳动密集型产品的进出口国;美国资本和研发力量雄厚,主要生产附加值高的产品,占据了价值链上的研发和销售环节,成为资本、技术密集型产品的进出口国,等等。

(2)内部价值链的比较能力优势。如果一个企业与其他企业相比在价值链的每一个环节都不具有竞争优势,这个企业还能不能参与竞争?不论一个企业处于什么样的水平,它都有自己的相对优势,即使总体上、大部分处于劣势,也可以从许多方面找到相对优势,企业应当优先发展自己的相对优势,使内部相对优势转化为外部相对优势。比如,许多企业在初创期与成熟企业相比并不具有竞争优势,但这些企业从自己内部的相对优势出发,找准自己的专长,大力发展,最后成为与成熟企业相抗衡的优秀企业,甚至超越了成熟企业。如日本的索尼、韩国的三星、中国的格兰仕等,这样的例子真是不胜枚举。

需要指出的是,拥有比较能力优势并不等于拥有竞争优势,比较优势是一种潜在的优势,往往表现为某一要素禀赋相对丰富,而使其在市场上扮演某种特定的角色,但竞争优势是一种实际显现的能力,是生产力各要素综合协调的结果。如,由于中国内地劳动力成本低,原材料丰富(中国棉花、合成纤维在世界上最丰富),因此,劳动密集型产业的纺织业等在中国拥有比较优势是不言而喻的,但由于工艺技术、人力资本等主要生产要素滞后,致使商品高加工度受限制,冲淡了劳动力成本低的比较优势。另外,还要实现从适应比较优势到创造比较优势的转变。比较能力优势本身是可以发生变化的,应该在适应比较优势的基础上,积极、主动地创造比较优势,这就为发展中企业扬长避短、加快发展提供了可能。自然资源状态难于改变,人力资本水平是完全可以通过努力来提高的,在信息经济条件下最重要的比较优势就是知识信息和人力资本。这种比较优势的最终形成和产生效果,可能需要更大的投入、更长的时间、更大的努力,但它能充分发挥知识外溢的功效,彻底改变落后和被动的局面。

(八)价值链结构柔性假设

柔性结构是相对传统的刚性结构而言的,它具有与环境变化等同或多于环境变化的能力,即具有包容能力、纠错能力、敏感性能力等,柔性结构能较好地平衡企业发展进程中变化与稳定的矛盾。随着竞争环境的日益复杂,柔性化问题已成为学术界和企业管理者关注的焦点问题。研究表明,在高度动态的竞争环境中,企业竞争优势不再来自专门化的惯例,而是来自企业的柔性化能力,高绩效表现的企业必须具备极强的柔性化能力。价值链会计中的结构柔性假设是为了适应环境的变化,力求组织对环境具有高度敏感性和灵活性,以比较能力优势可以转化为基础提出来的。前面已经指出,一个企业处于优势或劣势地位,在未来一段时间内会由于环境的变化发生转化,即优势可能转为劣势,劣势也可能转为优势。为此,笔者假设,在这种转化过程中,企业在价值链的每一个环节上能够实现与比较能力优势同步的甚至快于比较能力优势的转化,即企业的价值链结构具有柔性。具体可理解为:企业在价值链某个环节上具有比较优势,但由于市场的变化、竞争者的加入、顾客偏好的变化等因素的影响,使得原本的比较优势不复存在,企业对此能够迅速地在价值链的新比较优势环节和旧比较优势环节之间做出调整,甚至企业能够在环境发生变化之前积极、主动地预测出未来市场的这种变化,不断地在价值链的各个环节之间实现自如的转化。价值链的结构柔性假设要求企业时刻关注环境变化,定期核算每项价值活动,甄别增值作业与非增值作业,找出不同时期的战略环节,并实现自身结构的调整。

第二节　价值链会计的原则

会计基本原则是指开展会计活动必须共同遵守的基本要求和普遍规则。传统的会计核算原则包括客观性原则、及时性原则、重要性原则和谨慎性原则等,这些对于价值链会计同样适用,但为了适应价值链会计管理的要求,需要增加一些新的原则。

一、以作业为基础进行价值分析的原则

作业是企业提供产品或劳务过程中的各个工作程序或工作环节,而一系列有序作业的集合就形成了作业链。从投入到产出的过程,是由一系列作业构成作业链的过程,每完成一项作业消耗一定量的资源,同时又有一定价值量的产出转移到下一个作业,作业的转移伴随着价值的转移,最终的产出既是全部作业集合而成作业链的最终结果,也是全部价值集合而成价值链的结果。因此这种作业链既是一种产品的生产过程,又是一种价值形成和增值的过程,凝结在作业链中的价值最终形成了价值链,因此可以说价值链是作业链的价值表现形式。

价值链是分析企业竞争优势的根本思路,它紧密地与服务于顾客需求的作业链相联系,是作业链的货币表现。价值链会计管理的主要目标是通过优化作业链为顾客提供更多的价值,并从中获取竞争优势。竞争优势理论认为,把企业作为一个整体是无法识别竞争优势的,企业的成本优势或差异化优势来源于企业价值链的每一个环节,因此,进行价值分析就必须以作业为基础。以作业为基础进行价值分析包括四个步骤:①辨别不必要或不增值的作业。因为并不是所有的作业都能形成产品价值,所以企业的作业可以分为增值作业与非增值作业,或称必要作业与不必要作业。如果某项作业对顾客或组织而言是必要的,它能为企业最终产品增加价值,那么,该项作业就是必要作业;反之,那些对顾客或组织没有用,不能为最终产品增加价值的作业就是不必要作业。例如,与存货有关的存货储存、维护、归类、整理等作业,因存货质量问题、供产销各阶段的停工待料或脱销等问题而引起的作业就是不必要的作业。这些不必要作业是一种浪费,应尽量消除。②对重点的增值作业进行分析。企业的必要作业可能很多,难以对之一一分析,只能对那些重点作业进行分析。一般来说,企业80%的成本由20%的作业引起,将作业按其成本的高低排序,成本高的作业就是应该重点分析的作业。③将作业与先进水平比较。某项作业能为企业最终产品增加价值,并不意味着它就是最有效率的作业,通过与先进水平的作业进行比较,可以判断某项作业或企业整体作业链是否有效,寻求改善的机会。④分析作业之间的联系。各种作业相互联系形成“作业链”,理想的“作业链”应该是作业与作业之间环环相扣,每项必要作业都以最高效率完成。以作业为基础进行价值分析要求一方面筛选作业,即发现和消除对价值链无贡献的“不增值作业”;另一方面改善作业,即提高“增值作业”的工作成效,把企业有限的资源用于能为企业最终产品增加价值的作业上,并改善顾客价值,提高作业效

率与效益,从而,使企业处于不断改善的环境之中,促进企业价值链的优化。因此,以作业为基础进行价值分析的意义就在于它是持续改善和优化企业作业链——价值链的过程。

二、整体价值增值原则

由于本文所探讨的价值链已经超出了单个企业的范畴,它是一个包括供应商、制造商、分销商、服务商和顾客在内的价值链联盟,价值链会计目标强调的不仅仅是企业内部价值链的价值增值,更重要的是整个产业价值链的整体价值增值。因此价值链会计分析要遵循整体价值增值原则,即站在整个产业价值链的角度,分析每项价值活动的特点及各企业的优势和劣势,对价值链上的各环节进行合理的分工,对不具竞争优势的环节可以采用外包策略,从而实现整个产业价值链的整体价值增值。

例如,运动鞋行业的产业价值链。研发和营销环节附加值较高,现被具有显著优势的美国公司占据;而附加值较低的制造环节则由劳动力成本相对较低的中国以及其他第三世界国家来承担。价值链的这种分工是在综合考虑各项价值活动的特点与企业能力之间关系的基础上实现的。进行这种分工之后,价值链上的每个环节就都由最适合的企业来完成,因此可以实现整个价值链的整体价值增值。整体价值增值原则要求以产业价值链的价值增值为目标,对企业进行评价,把企业内部价值链和产业价值链并重,实现二者的协调和融洽。

三、竞争能力导向原则

随着科学技术的迅猛发展和经济全球化进程的加快,特别是在中国已经加入 WTO 的情况下,企业面临着一个更加开放的市场和更加激烈的竞争环境。在这种全新的竞争态势下,许多企业都提出了提升企业竞争力的目标,以在激烈的竞争环境中占据一席之地。经营者开始重新审视自己的经营机制、业务流程和组织管理模式等构成企业竞争优势的核心要素,并以竞争能力为导向,采取了许多先进的制造技术和管理方法,一种基于建立长期竞争优势的新型管理模式——“价值链管理”便应运而生。而价值链会计是一种以价值链管理为其理论基础,通过分析纵向价值链、横向价值链和内部价值链重新构建企业价值链,实现整体价值增值,进而提升企业核心竞争力的会计管理模式。因此,价值链会计理所当然应当贯彻竞争能力导向原则。

四、风险管理原则

风险一词,有着多种的理解,一般是指引起损失产生的不确定性。任何一项行动都有风险,由此造成的风险无时不在、无处不有。对于价值链会计来说,由于价值链是一个涵盖供应商、制造商以及最终顾客的复杂的交叉的动态系统,随着价值链的规模日益扩大,结构日趋复杂,链上任何一环出现问题,必将引起剧烈的连锁反应。因此,认识价值链的风险并加以及时防范是价值链会计必须注意的问题,风险管理则是价值链会计中的一个重要原则。价值链管理中的风险主要有独家供应商问题、信任合作危机和信息失真风险等。建立独家供应商制度,具有交易成本低、供货稳定的优点。但供货的任何一个环节出现问题,整个链条就会非常被动,甚至崩溃。解决这个问题的途径是在较大范围内精心挑选合作伙伴,发展多供应商、多地域的供应渠道,以防独家供应商带来的商务风险。信任对于价值链的正常运作起着重要作用。目前,市场上企业的信任危机已达到较为严重的程度。频频曝出的"银广厦"、"TP 红光"、"中国蓝田"等事件和审计机构的推波助澜,使人们对企业的信用缺乏信心。缺乏健全的信用评价机制与监督机制,加上人们对企业信誉度的普遍质疑,都大大阻碍了我国价值链企业间合作关系的良性发展,增大了价值链管理的风险。这就需要企业改变传统的买卖观念和思维方式,要与合作企业共担责任、风险与成本,同时共享成果与收益,这是企业间建立长久信任关系的唯一有效途径。企业间只有建立了信任关系,才能保证价值链的运作效率,赢得长久的竞争优势。当价值链规模日益扩大,结构日趋繁杂时,价值链上发生信息错误的机会也随之增多。一种情况是信号膨胀,管理人员依据市场潮流和信号做出同样的预测和调整,不知不觉中夸大了市场需求,即"牛鞭效应",这也将影响价值链的整体效率。对此,企业应借助先进的信息技术,建立基于 Internet/Intranet 的供应链管理运行的支持系统和平台,在整条价值链上收集从最初的用户需求,到每一产品的供应、生产、配送和销售信息,获得链联盟企业所提供的准确信息,实现价值链信息的共享和集成,平衡链联盟企业的活动,提高整条价值链的集成度和竞争能力,减少由于信息不对称和不完全带来的风险。

五、集成优化原则

作为价值链管理与现行会计模式的集成系统,价值链会计是以价值链联盟的整体优化为研究对象,是一种寻求和获取核心竞争力的会计管理活动。价值链会计的集成优化原则是为了适应企业商业环境的变迁,强化以核心企业为主的价值链联盟整体利益最优化。其目的不仅在于降低成本,更重要的是为了建立和保持企业长期的竞争优势;是全方位、全时空突破企业边界的会计管理,是基于价值链联盟的价值管理系统;它的重点放在事前统筹规划、事中实时控制、事后评价改进等战略管理方面。

六、速度原则

速度竞争也许是企业在 21 世纪面临最重要的挑战,目前已成为企业获取竞争优势的一个主要因素。在竞争日益激烈的商业环境下,企业只有比竞争者更快速地获取市场供求状况,更有效地满足市场需求,才可能取得竞争优势。速度原则要求速度创新、速度竞争,在实质上反映的是一种建立在竞争基础上的时间价值。及时交付产品或劳务是企业价值链的一部分,提高交付和反应的速度能增加企业的价值。比竞争者更快速、更有效地获知市场需要和满足市场需要就能取得竞争优势。从价值链角度来分析,速度价值就是要通过再造企业流程来提高面向顾客的适应性,充分重视时间因素而获得的时间价值。时间是价值链所有环节的关键因素,有效的时间管理能创造速度价值,提高服务质量,增加企业的价值。

七、协作原则

企业本身的资源、能力是有限的,通过资源外向配置,与经济联合体内部其他企业的协作,把企业的资源集中在那些有核心竞争力优势的活动上,可以最大限度的发挥企业的竞争优势,同时实现整个经济联合体资源配置的优化。与外部的合作伙伴分担风险,企业可以变得更有柔性,更能适应变化的竞争环境。其具体思路是:首先确定企业的核心竞争力,并把企业内部的智能和资源集中在那些有核心竞争力优势的活动上,然后将剩余的其他企业活动外包给最好的专业公司,从而达到整个价值链联盟的成本最低,从而实现成本领先战略。

八、会计事项原则

价值链会计的一个重要特征是提供价值信息的多元化和全面化,而目前的重要性原则已不适应其要求。从而应采用会计事项原则,即会计信息提供者不作任何价值判断提供所有有关价值信息的会计事项,由信息使用者根据自己的需要和重要性原则,自行加工或委托加工财务会计信息,以满足不同的使用者的不同要求。

九、系统整合原则

经济联合体的开放性和动态性决定了整个价值链系统的动态性。经济联合体要想在瞬息万变的市场环境中保持竞争优势,就必须根据市场和联合体各企业的变化对其内部进行不断的整合以实现核心企业和经济联合体的价值增值最大化。以实现价值链的增值为目标,即站在整个产业价值链的角度,甄别增值作业和非增值作业,对企业进行评价,将企业内部价值链和产业价值链并重,以实现两者的协调和融合。作为价值链管理与现行会计模式的集成系统,价值链会计是以价值链联盟的整体优化与增值为目标,是一种寻求和获取核心竞争力的会计管理活动。

十、以人为本原则

随着知识经济的发展,人力资源变得越来越重要,甚至比其他任何资源都重要。人力资源会计的提出适应了这一变化。人力资源是企业持续创造价值的源泉,所以在价值链会计中应建立以人为本的原则。

十一、社会性原则

企业在发展过程中,不能仅仅考虑自身的发展,还应该为社会的发展作出贡献。社会价值最大化才能真正体现出企业乃至整个价值链的价值最大化。对企业业绩的评价可从社会的角度全方位考虑,这是价值链会计的社会性原则。

十二、可持续性原则

可持续发展要求正确认识和处理人口、资源、环境之间的相互依存、相互促进的关系,要使人与自然和谐发展。目前刚刚兴起的和谐会计以及逐渐成熟的环境会计就反映了可持续发展的思想。从长远来看,只有企业可持续发展,价值链上的价值才能实现最大化。所以,可持续发展原则应纳入价值链会计的原则中。

第三节　价值链会计的理论基础

一、价值理论

价值的概念是一个哲学意义上的范畴,它表现的是作为主体的人与客观世界之间的某种关系。价值在不同的学科有不同的概念。对于经济学中的价值学说,存在要素价值论、劳动价值论和效用价值论等多种学派。斯密的价值论是要素价值论,认为价值是一种交换比率,市场供求决定价值;以李嘉图、马克思为代表的劳动价值论,认为价值是凝结于商品中的人类抽象劳动,只有人的劳动才创造价值,交换价值仅从量上讨论问题,而价值的背后是劳动。马克思认为,价值是指人与自然物质交换过程中人与人的社会关系。以马歇尔、瓦尔拉、帕累托、庞巴维克以及后来的凯恩斯为代表的效用价值论认为,价值是商品给人带来的效用和满足,人的体验、感受和主观判断是价值形成的基础。当代西方学者认为价值是指人与客观存在的物的关系,即物对人的效用。

会计学的价值理论是以经济学中的价值理论为基础的。会计学的价值理论应当理解为经济学的各种价值理论的科学部分应用于经济实践之后的价值理论。一般意义上,经济学的价值是指事物的经济效能满足追求效能的理性主体的程度。事物的经济价值可以理解为以财富、物质为标志的经济效能满足价值主体的追求或需要的能力。在现实的经济实践中,某一事物的经济价值通常是通过交易得到实现和认可的,此时经济价值在一定程度上就表现为交换价值。如果站在从事经济活动的理性主体的角度考虑,我们不难发现主体要想获得一定经济价值(利益)的流入,首先得放弃或预付出一部分既得的经济价值(利益)作为换取更大经济价值(利益)的前提条件,这种放弃或预付的经济价值(利益)就是经济活动中的投入,有了投入才会有产出。从经济学的角度来看,理性主体在经济活动中的目的在于用尽可能少的投入获得尽可能多的产出。当产出的经济价值通过交易实现时,就表现为流入的交换价值,投入的经济价值通过交易实现时,就表现为流出的交换价值,产出与投入之差则称为经济价值的增加即增值,它一般可以用流入的交换价值减去流出的交换价值来衡量。而整个社会也是在无数理性个体追求经济价值增加的过程中实现总体财富和物质的增长,以此来发展经济的。

如上所述,经济价值可以理解为以财富、物质为标志的经济效能满足价值主体需要的能力或程度,它通常在交易中实现并表现为交换价值。而经济活动中理性主体的目的在于尽可能地获得最大的经济价值的增加即增值。从抽象的角度看,经济活动中理性主体的目的在于尽可能地获得最大的增值——它应是产出与投入之差。但具体地看,产出与投入的概念是具有主体性的,经济主体的形式不同,对产出与投入的界定也就不同。

根据企业契约理论,企业可以理解为各要素所有者为了节约交易费用而达成的契约。企业契约要求每个参与主体都向企业贡献资源——资本、技能和信息等,同时允许每个主体从企业中获得约定的资源回报。具体来说,企业实质上是股东(或出资者)、债权人、经营者、雇员等利益相关者之间缔结的一系列契约的结合体,是各种利益团体为了达到有效满足自己需求的目的而选择的共同方式。因而对企业投入、产出的界定应是建立在各利益相关者的基础之上的。一方面,企业的产出(无论是产品或是服务)都是要得到其最终顾客认可并通过交易而实现的,因此企业产出的经济价值在交易中表现为交换价值,而交换价值用货币的形式则可表示为顾客的最终支付价格。另一方面,企业的投入应是为其产出所必需的对外支出,如外购材料或劳务,它一般是通过与供应商的交易而实现的,同样用货币的形式可表示为向供应商的支付价格。如果从价值链理论的角度来看,企业价值链的上游是供应商,下游是顾客,企业自身就是一个投入、产出的价值增值系统,它利用了利益相关者的各种资源,协调不同的资源组合诸如资本(包括自有资本和债务资本)、劳动等生产要素,进行投入、产出活动以得到回报。当最终顾客支付的价格超过企业对外支出的价格时,就形成了企业的价值增加。从这一角度来看,股利、利息、工资、税金等都应看作是各利益相关者从企业价值增值中分配到的增值,并非企业的投入成本。而企业作为各利益相关者的契约集合,其存在的根本目的就是提高资源在企业中的投入回报程度,创造最大的总体价值增值,正因为如此,利益相关者才可从企业契约中分得更多的增值,企业也可持续存在和发展下去。

二、价值链理论

(一)价值链

如前所述,1985 年,迈克尔·波特(Michael E. Porter)在其《竞争优势》一书中首先提出价值链(Value Chain)概念,倡导运用价值链进行战略规划和管理,以帮助企业获取并维持竞争优势。波特认为,虽然获得竞争优势的战略各有不同,但是归根到底,竞争优势产生于企业为客户所能创造的价值,而价值的创造又是一系列活动的有机过程,如设计、生产、销售、交货及与产品生产有关的各种辅助活动等,所有这些活动可以用一个价值链来表示。波特的价值链是由五项基本活动和四项辅助活动组成的,其中基本活动包括内部后勤、生产经营、外部后勤、市场销售和服务;辅助活动包括采购、技术开发、人力资源管理和企业基础设施。随着竞争的加剧和信息网络技术的发展,产品生产者与供应商、销售商及最终用户之间在价值的生产和实现上越来越紧密依存,人们的关注点开始从企业内部逐渐发展到企业间的联系。价值链是判定竞争优势并找到一些方法以创造和维持竞争优势的一种基本工具。价值链从创造价值角度将企业整体进行了有序的分解,使企业能够清楚地分析创造价值的各个活动环节及其相互关系。在企业的价值活动中并不是每一个环节都创造价值。某一个环节是否创造价值,关键看其是否提供了后续环节的所需,是否降低了后续环节的成本,是否改善了后续环节的质量。企业创造的价值,实际上来自企业价值链上的某些特定的价值活动;这些真正创造价值的活动,就是企业价值链的战略环节。企业的竞争能力通过企业创造价值发挥作用,而这种作用正是通过战略环节产生竞争优势来体现的。结合价值链构成的各个环节剖析竞争能力是如何发挥作用的,可以了解到一个企业的竞争能力是如何建立在价值链的辅助活动上的;它是如何通过价值链的基本活动形成竞争优势的;竞争能力是如何从围绕价值链的战略环节形成竞争优势的。

桑克发展了迈克尔·波特的理论。他指出,价值链没有始于供应者,同样也没有传递到顾客就停止。价值链是确认关键的经营过程之旅的第一步。他认为企业的价值链不局限于内部,可以延伸到企业外部。因此,桑克提出了六种可能的价值链分析:内部价值链分析、外部价值链分析、客户价值链分析、最终客户价值链分析、竞争者价值链分析和销售商价值链分析。后来,价值链的概念更加注重围绕核心企业的网链关系，如核心企业与供应商、供应商的供应商乃至与一切前向的关系，与用户、用户的用户及一切后向的关系。此时，价值链的概念成为一个网链的概念。现在，价值链的概念更加注意信息的获得对于企业控制价值链核心资源的重要性，因此价值链的概念发展成了数字价值链，通过互联网而形成的电子神经系统。这种数字价值链可以利用网络迅速获得顾客对产品的需求愿望，从而掌握价值增值最大的作业链环。

综上所述，价值链是基于企业价值增值的目的，围绕核心企业，利用互联网而迅速获得信息资源，通过研究开发、设计、生产、营销等作业活动，将开发商、供应商、销售商与最终用户连成一个整体的功能网链结构模式，形成一个极具竞争力的战略联盟。其维系整个链条的是核心能力包括核心产品、核心技术或核心服务等。

（二）价值链与作业、流程

波特认为，价值活动是企业从事的在经济上和技术上有明确界限的各项活动，它们是创造对买方有价值的产品的基础，这些相互联系的价值活动共同作用为企业创造利润，从而形成企业的价值链。流程这一概念的提出者 M. 哈默对企业流程的定义是：企业集合各种“原料”，制造出顾客需要产品的一系列活动。流程可以细分为一个个作业，一组有序的作业就构成了流程。作业的性质体现出流程的性质，作业所实现的功能和所产生的成本就是流程本身所实现的功能和所产生的消耗。

企业每个业务流程中的作业都表现为一个由此及彼、由内而外的“作业链”。每完成一项作业要消耗一定的资源，而作业的产出又形成一定的价值，转移到下一个作业，按此逐步推移，直到最终把产品提供给企业外部的顾客，以满足他们的需要。最终产品作为企业内部的一系列作业的总产出，凝聚了各个作业上形成的最终转移给顾客的价值。这样“作业链”最终就表现为“价值链”。管理实践中通常将各个作业用业务流程图表示出来，以便科学、直观、全面地概括企业的经营过程，表述企业经营活动的增值过程。而价值链则是对这一企业增值过程的价值形态的高度抽象，故可以把作业链看作是价值链的具体物化形态。可见，价值链强调的是企业活动的价值层面，流程是对企业活动实际操作层面的组织和规范，而作业是企业活动实际操作层面。为顾客提供产品或服务的目的把企业千变万化的运作过程归结为“为组织内部和外部用户提供价值的增值行为”。而企业运营的过程则可归结为通过执行流程上各个为产品增值的作业或步骤使得产品最终达到顾客的期望。流程可被看作是这些增值过程串成的一条链，链上的每一个位置反映出产品的特定价值形态，即价值链。所以，作业和流程是价值链的载体，价值链是作业和流程的价值反映。

三、价值链管理理论

随着价值链理论的不断发展,现在价值链已从分析工具上升为一种管理方法体系。21 世纪,价值增值已成为企业追求的目标,价值管理成为企业的核心内容。随着管理模式从内部演变到整条价值链,企业越来越重视整体供应链的价值。竞争不是发生在企业与企业之间,而是发生在企业各自的价值链之间,只有对价值链的各个环节实行有效管理的企业,才有可能真正获得市场上的竞争优势。而价值链管理就是基于价值链的一种先进的管理方法。

价值链管理则是依据价值链的理论,将企业的业务流程描绘成一个价值增值和价值创造的链状结构。价值链管理将企业的业务流程描绘成一个价值链,即是将价值链管理系统所要解决的问题如企业的订单、采购、生产、营销、财务、人力资源等方面有机地整合起来,做好计划、协调、监督和控制等各个环节的工作,使它们形成相互关联的整体。真正按照"链"的特征实施企业的业务流程,使得各个环节具有处理资金流、信息流和物流的自组织和自适应能力,使企业的供、产、销系统形成一条链——价值链。该理论强调"作业——流程——价值链"之间的依次关系,在剔除非增值作业、精简作业的基础上,优化流程、提高效率、创造价值;依靠电子信息技术,以满足顾客需求为中心,将相互独立的企业以及企业内部各独立的部分联系起来,共享信息资源、优势互补,快速适应市场变化,为顾客创造更多价值;同时从组织结构、员工观念等方面进行相应的变革,以适应价值链管理的需要。价值链管理还强调价值链的各项业务活动间的联系不仅存在于企业价值链内部,而且存在于企业价值链与供应商和渠道的价值链之间。

简言之,价值链管理就是从供应商开始,直到顾客价值实现的一系列价值增值活动和相应的流程,其最终目标是实现企业价值最大化。竞争不仅发生在企业和企业之间,而且发生在企业各自所在的价值链之间,只有对价值链的各个环节实行有效管理的企业,才有可能真正获得市场上的竞争优势。价值链管理有垂直价值链管理、水平价值链管理和虚拟价值链管理。

垂直价值链管理是指对一个企业价值增值链中(原材料生产商、供应商、制造商、顾客等)所有参与实体的管理。日本的企业最先运用了垂直价值链管理,试图把制造过程中所有因素统一起来,以更好地控制供应商和分销商,加强制造企业与其供应商之间的合作,以提高产品质量。这也发展和引进了二者之间的精益传送系统。制造企业和供应商不必再为最低价格而讨价还价,双方建立了合作伙伴关系。基于利益共享,供应商也参与制造企业的产品设计,这样,双方就能通过及时的信息交流,迅速设计出最符合实际的产品。第二次世界大战以后,日本制造业许多创新企业结构的出现,产生了水平价值链管理。水平价值链管理是对价值链同一水平上的各个企业间相互作用的管理,以求提高企业核心竞争力,外包非核心业务,快速响应顾客需求。垂直价值链和水平价值链与信息技术的结合就发展成为价值网络管理,即虚拟价值链管理。虚拟企业提倡"双赢"的合作竞争,通常是两个或多个企业各自提供自身优势资源组成战略联盟,使每个成员企业都能比其单独经营获得更多的收益。由于虚拟企业的流行,各公司之间甚至竞争对手之间通过联合,采用 IT 技术达到共同的目标。一旦实现了这一目标,虚拟企业便解散。虚拟企业没有固定的原则,通常由各相关企业提供各自的核心优势,即由最好的制造商生产产品,由具有最先进的 R&D 部门的企业来设计产品,由最好的市场销售公司来销售产品。

价值链管理以客户不断变化的需求和竞争日趋激烈的市场为背景,以流程管理为主线,基于企业内部,面向客户和企业价值链。企业实施价值链管理的目标在于,对内通过优化核心业务、组织结构、业务流程和信息流,由职能型向流程型转化,由此降低组织和经营成本,控制经营风险,最终提高企业的效率和效益,增强企业的综合竞争优势;对外分析评估上下游企业的价值链,把企业放置在具有竞争力的产业价值链上,并评估企业在这条价值链上的位置和地位,实现企业价值最大化的目的;弥补我国企业长期以来在组织结构设计、业务流程和信息化管理等方面存在的不足,从整体上降低组织成本,提高业务管理水平和经营效率,实现增值。

四、会计管理活动论

1980 年,阎达五教授和杨纪琬教授首次提出了会计管理概念,视会计为一种管理活动。此后,阎达五教授又专门撰文指出,把会计管理的内容抽象为价值运动是可行的,并再次与杨纪琬教授一起明确指出,会计工作是一种重要的价值管理工作,而价值管理就是对价值运动的管理,价值管理是人们讲求经济效益的主要实践形式,提高经济效益是进行价值管理的根本目的。后来阎达五教授又进一步提出价值链会计的概念,将其定义为"为企业创造最大化的价值增值及其合理分配的一种管理活动",认为作为企业管理基础与核心内容的会计,其基本目标是与企业管理目标相一致的,即都是为企业创造最大化的价值增值服务。会计管理的内容被抽象为价值管理。正是因为会计具有管理功能,会计才能进入价值链管理体系,基于价值链管理的价值链会计才成为可能。

五、企业理论

现代企业理论中,科斯与詹森、麦克林关于企业性质的观点影响最大。科斯认为,由于交易费用的存在,"企业的显著标志是对价格机制的替代",企业实际上是与市场协调机制具有相同职能,因而可以相互替代的行政协调机制,是一种由多项独立活动构成的层级组织。詹森、麦克林认为,企业和大多数组织一样,是一种法律虚构,只是所有者、债权人、经理人、员工、消费者等相互之间契约关系的连接点。实际上,科斯强调企业是契约关系的执行过程,构成了管理会计的理论基础;詹森、麦克林则强调企业是契约关系的确立过程,构成了财务会计的理论基础。正是由于交易费用的存在和契约关系的制约,互不相同但又相互关联的经营活动才能够连接在一起构成企业的内部价值链。上下游关联企业之间才能够连接在一起构成企业的外部价值链;交易费用以及基于交易费用的管理会计为分析价值链的价值增值过程提供了工具,契约关系以及基于契约关系的财务会计为评价价值链各节点企业、企业内部各价值活动的增值责任提供了依据。现代企业理论阐明了价值链和现行会计模式的产生并整合成为价值链会计的原因,并有力地推动了价值链会计理论和实务的发展。

六、现代信息管理理论

现代信息管理理论主要由信息论、控制论、系统论、协同论、耗散结构论、突变论等组成。根据现代信息管理理论,在价值链会计研究中,必须注意以下几点:①整体性观点,即价值链虽然是多种活动的集成体,但它不是各种活动的简单相加,整个价值链有不同于它的组成要素的性质、功能和运动规律。因而在研究价值链会计时,必须从价值链整体出发,全面考虑如何从提高价值链整体功能的角度去提高和协调价值链各组成要素的功能;②相关性观点,即价值链、价值链会计和价值链会计环境间存在着相互依存、相互作用、相互制约的关系,在研究价值链会计时,必须从这些关系出发,才能得出正确的结论;③结构性观点,即价值链会计各组成要素间的相互联系、相互作用是有一定方式和秩序的,它形成了有序的结构;④动态性观点,即价值链会计理论和会计系统不是一成不变的,它会受到一定会计环境的影响,并随会计环境的变化而变化,从而不断发展和完善。

七、战略管理会计理论

战略管理会计最早是由英国学者西蒙斯于 1981 年在《 战略管理会计》论文中提出的,他认为战略管理会计是“对企业及其竞争对手的管理会计数据进行搜集和分析,由此来发展和控制企业战略的会计”。1988 年 Bramwich 在《 管理会计的定义与范围:从管理角度的认识 》这篇论文中,提出了战略管理会计是管理会计的发展而不是分支的观点,并且认为战略管理会计不仅仅是研究企业竞争对手的信息,还应该研究相对于竞争对手企业自身的竞争优势和创造价值的过程以及企业的产品在其生命周期中所能实现的、客户所需求的价值等。目前对战略管理会计的定义尚未达成共识,但大多数学者认为,战略管理会计是灵活运用多种方法，搜集、加工、整理、分析与企业战略相关的内外部各种信息，协助企业管理当局制定战略目标，进行战略规划，评价战略业绩的一个决策支持信息系统，它直接服务于企业的战略管理，其目的是使企业为客户创造价值，最终实现企业价值最大化的目标，而这正是价值链会计的理论来源之一。

第六章　价值链会计的三维分析

第一节　价值链会计的空间维度

价值链会计以价值链为对象,其价值链就是指价值链会计主体的价值链。所以首先应该确定价值链会计主体的范围,这应该属于一个空间范围问题,所以本文将其作为价值链会计的空间维度。由于价值链管理改变了传统的管理方式、业务流程和组织结构等,把企业外部的价值链与企业内部的价值链有机地整合起来,形成一个集成化的价值链条,把上下游企业之间以及企业内部的各种业务及其流程看作是一个整体过程,形成了一体化的价值链管理体系,所以作为价值链管理活动的价值链会计,其主体也不应再局限于传统会计的主体,而要延伸到整个价值链联盟的范围。

一、内部价值链

根据前文的解释,价值链联盟的价值链可以分为内部价值链与外部价值链两个层面。内部价值链即传统价值链理论中所提到的核心企业的价值链,它与核心企业作业链基本一致,开始于从供应商处获得原材料,结束于企业把产品提供给顾客。内部价值链管理是针对企业内部的管理,属于管理控制和作业管理层面。内部价值链可以根据核心企业的作业活动进一步具体划分。按照价值链理论,企业的活动可以分为基本活动和辅助活动(前文中已作阐述,此处不再赘述)。这些活动由工作流、实物流、信息流和资金流连接起来,构成一个价值链体系,实现企业内部的增值活动。

二、外部价值链

外部价值链把会计对象的视野扩大到价值链联盟,也是价值链会计主体异于传统会计主体的关键所在。外部价值链是由核心企业向外部延伸而来的,它又可以分为纵向的外部价值链和横向的外部价值链,这正好与纵向价值链管理和横向价值链管理相对应。

（一）纵向外部价值链

纵向的外部价值链是指企业价值链与供应商价值链以及顾客价值链相连接而成的一个链条，始于原材料的最初供应者，终于最终产品的最终用户，一般所提到的外部价值链便是这种纵向上的外部价值链。它将上游企业、下游企业和核心企业的内部价值链直接相连，实际上内部价值链已然成为纵向价值链的一个部分。

（二）横向外部价值链

横向的外部价值链是针对核心企业与其竞争对手而言的，它将企业作为一个整体进行考虑，是指所有在一组互相平行的纵向价值链中处于同等地位的企业之间相互作用所构成的具有潜在关系的链条。虽然从表面上看，它与核心企业的内部价值链没有直接相连，但它对于分析企业的竞争优势，尤其是差异化优势至关重要。所谓差异化，即企业能够提供给客户的不同于其他企业（竞争对手）的独特的东西，这种独特性只有在将自身的价值链与竞争对手的价值链进行比较分析时才能得出，而比较分析便是通过这种潜在的横向链条进行的。根据上面的分析，可以发现，虽然将空间范围作为价值链会计范围的一个维度，但实际上价值链会计的空间范围本身也是二维的，有纵向价值链和横向价值链之分，而且还具有不同层面，即有内部价值链和外部价值链之分。在对价值链

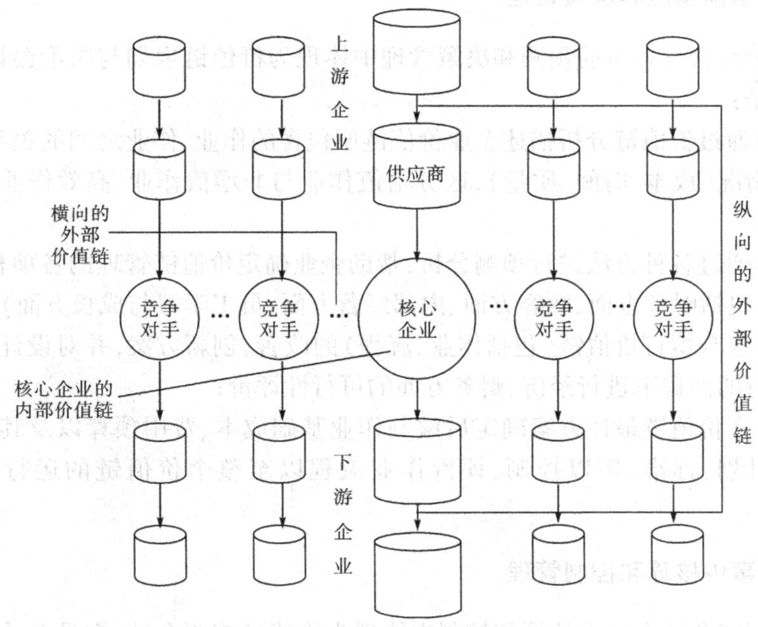

图 6－1　价值链会计的空间图

会计范围进行立体分析时，将主要采用纵向外部价值链，而把内部价值链内化到该纵向价值链之中，横向外部价值链则成为不同核心企业价值链会计坐标系之间的内在联系，以实现对它们之间不同层次竞争优势的比较。如图 6－1 所示。

第二节　价值链会计的时间维度

价值链会计的时间维度包括事前的预测和决策、事中的核算和控制以及事后的分析和考评，这拓展了传统会计对象的时间范围。当前，价值链管理已涵盖了对价值链事前、事中和事后的管理。而传统的财务会计主要是事后的核算，所反映的信息都具有滞后性。管理会计的范围虽然涉及预算管理的内容，但还没有与财务会计融合以实现对价值链事前、事中和事后的全程管理。为了实现对价值链对象的有效管理和分析，作为财务会计与管理会计的融合的价值链会计，其对象有必要涵盖从事前到事后的整个价值增值过程，尤其是对事中的实时控制要成为主要对象。

一、事前预测和决策管理

价值链会计在事前预测和决策管理中体现为价值链规划与决策会计，其主要任务是：

（1）通过价值链分析描述企业价值链所包含的作业、作业之间的关系、作业的执行情况（成本、时间、质量），区分增值作业与非增值作业、高效作业与低效作业；

（2）通过各种方法进行预测分析，帮助企业确定价值链管理的各项长期、短期目标（包括财务方面、顾客方面、内部经营方面、员工学习与成长方面）；

（3）参与拟订价值链（包括作业、流程）的改善、创新方案，并对设计方案在技术可行的前提下进行经济、财务方面的可行性评价；

（4）在价值链最佳方案确定后编制作业基础成本、费用预算以及其他作业方面的计划、标准，用以控制、评价作业流程以至整个价值链的运行效率和效益。

二、事中核算和控制管理

价值链会计在事中核算和控制中体现为价值链控制会计，它是会计实时控制在价值链会计中的体现。会计实时控制可以定义为：在 IT 环境中财会人员利用现代化技术手段，对企业经营活动的过程进行实时对比和实时分析，通过指导、调节、约束、促进等环节干预企业的经营业务,以实现提高经营效率和效益从而达到价值增值这一终极目标。随着信息技术的发展和广泛应用,现代企业对会计控制的需求越来越高,要求从事后控制转变为事中控制,从适时控制转变为实时控制,将财务控制转变为对企业经营活动过程控制(包括资金运动和业务流程控制),由单项要素控制发展为供应链、价值链的控制。价值链控制会计可以建立在会计实时控制的模式之上。会计实时控制模式就是指以 IT 环境为会计控制的实施载体,在流程再造、会计实时控制方法支持下,针对企业对会计实时控制的具体需求而构建的会计控制应用模式,它是会计实时控制在现代企业中发挥其控制功效的保障机制。由于不同企业其管理模式、组织结构、IT 环境、流程、会计控制方法不同,导致其会计实时控制模式也不尽相同。一般来讲,会计实时控制基本模式可以分为两类:

(1)横向控制模式,它是指对企业经营活动全过程(对采购、仓储、生产、销售、财务等过程)的实时控制。其特点是:从核心企业内部来看,构建最佳财务业务一体化流程,在 IT 环境、会计实时控制方法和会计人员的支持下,对经营活动全过程形成的物流、资金流进行实时控制,协同各部门有序运作,最大限度地降低库存,提高资金周转,保证企业经营效率和效益的提高;从企业外部看,构建以核心企业为主体的价值链,通过信息流协同上下游企业与核心企业的商务关系,实现整个价值链的增值。

(2)纵向控制模式,它是指在跨越时空条件下对企业集团之间的资金运动进行的实时控制。其特点是:在 IT 环境、会计实时控制方法和会计人员的支持下,将分布在不同地区、城市乃至不同国家的企业集团成员通过信息流连接在一起,实时获取整个企业集团资金动态信息,了解和掌握整体资金情况;对成员之间的资金结算、外部银行的资金结算等业务进行实时控制,把握资金流向;调控企业集团资金流量与流速,盘活集团沉淀资金将其集中用于企业优势领域,防止资金流失和体外循环,提高资金的使用效率。不同企业在构建会计实时控制模式时,必须结合企业会计控制着重考虑资源配置问题:① IT 软件资源和硬件资源配置,即根据企业规模、组织成员的地理位置、控制的范围和力度进行合理的配置。②个性化应用资源配置,即将企业的组织结构、业务流程、控制方法等嵌入到 IT 环境中,当上述个性特征变化时,在不改变 IT 环境的情况下,重新设置个性化特征,满足个性化需求。

三、事后分析和评价管理

价值链会计的事后分析和评价依靠价值链业绩评价会计,其主要任务是:

(1)建立以作业为基础的责任会计制度和考评制度,包括按照价值链管理的要求对现有的组织结构进行必要的调整。成立面向流程的工作小组并将其确认为责任单位,改革现有的业绩评价体系,在业绩报告中揭示增值作业与非增值作业信息、财务信息与非财务信息,引进平衡记分卡评价方法等。

(2)通过作业基础成本计算等方法归集实际的作业成本及其他作业信息,并经常地与预算、计划、标准进行比较,及时将发现的问题反馈给有关责任单位。

(3)定期编制业绩报告,对责任单位的业绩进行评价考核。

(4)定期对企业价值链管理目标的完成情况及其原因进行综合分析,并对下期价值链管理提出改进意见或改革方案。

第三节　价值链会计的层次维度

因为从价值链的基本思想和理论来看,价值链是为分析竞争优势服务的,而竞争优势包括两个基本内容:成本优势和差异化优势,且差异化优势是以成本优势作为基础的,它们属于两个不同的层次。所以价值链会计应该从层次上分别以这两种优势为对象。这样将使价值链会计的范围由二维扩展为三维,由平面扩展为立体,使其内容更为丰富。价值链分析和管理是以竞争优势为对象的,具体包括对企业成本优势和差异化优势的分析,那么价值链会计的对象也应该涵盖成本和差异化。由于这两者处于不同的层次,即成本优势是差异化优势的基础,所以使得价值链会计的对象被分为这两个不同的层次。这里将其作为价值链会计的第三维,即层次维度。

一、基于成本优势分析的价值链会计

价值链会计对于第一层次对象即成本优势的管理和分析,在实践中已有运用,也就是前已述及的作业成本会计。然而当前的作业成本会计在空间上主要还是针对核心企业内部作业链的核算与分析,没有将上下游企业价值链纳入管理范围;而在时间上主要是事后分析,虽然针对事前的作业成本预算也有运用,但十分有限,针对事中的控制更少涉及。因此,需要一个能够对在时空范围上充分扩展的成本优势进行分析的价值链会计。它的主要任务包括:

(1)确定企业的价值链,对核心企业作业的成本进行深入具体的分析和管理,尤其是事中的核算与控制,分析各个作业所占成本的大小和增长因素。

(2)对上游供应商价值链和与上游供应商有关作业的成本进行分析和管理,以与购置作业相关的总成本为重点,以帮助企业选择和维护供应商。

(3)对下游客户价值链和与下游客户有关作业的成本进行分析和管理,尤其是建立针对服务成本的管理体系,以利于企业确定对客户的战略。

(4)将竞争对手价值链也作为对象,对其价值链上的不同作业成本及总成本进行分析,考察本企业和竞争对手在进行相同作业时的差异。

二、针对差异化优势分析的价值链会计

如果一个企业能够提供给客户某种具有独特性的东西,那么它就具有了有别于其他竞争对手的经营差异化。过去,企业获得利润主要考虑减少成本以获得成本优势、增加利润,所以在会计上也一直将成本会计作为重要内容。但是生产率的提高和科学管理方法的引用使成本的压缩空间已越来越小,其空间十分有限。当成本接近底限时如何增加利润,这便需要差异化发挥作用,且差异化能够带来的利润没有一个固定的范围约束。因此现在的企业已经越来越意识到差异化的重要性,同时越来越重视制定差异化战略以获得经营差异化。

然而企业对差异化的来源往往认识得不够充分,一般只能从有形产品或市场行为的角度看待经营差异化,而看不到价值链中任何一处都可能产生差异化,因此也未看到建立针对差异化优势分析的价值链会计的必要性和可能性。事实上,针对价值链联盟的价值链上的每一个环节和作业,都可以同时进行成本分析和差异化分析,这使得价值链会计能够对时空范围内的所有对象进行差异化分析。而企业也正需要通过价值链会计确定成本优势和差异化优势各自为企业竞争优势的取得所作出的贡献,以对成本领先和差异化战略进行调整。需要明确的是,差异化优势是以成本优势为基础的,这也是本文将差异化优势与成本优势作为不同层次的竞争优势,并构成价值链会计范围的不同层次的原因。企业一方面要努力降低成本,另一方面要尽量增强各作业上的差异化,通过这一降一升来扩大利润空间。

但是差异化的分析与成本分析并非是割裂开来的,因为差异化是有成本的(可称之为差异化成本),而且其成本一般很高,因为要在价值增值活动方面做得比竞争对手好,就一定会经常付出成本,例如:向买方提供出色工程应用支持需要增加工程师,而一个训练有素的推销队伍比经验不足的推销队伍的费用要多。如果企业的某项作业既具有独特性也可同时降低成本(这看起来似乎十分理想),那么也就意味着:①该企业并未为降低成本充分挖掘其所有潜力;②先前认为对在一个活动上实现经营差异化并非十分可取;③当重大革新已经出现而竞争对手尚未采用。

如果某个企业一直大力削减成本,那么差异化战略通常会提高成本。但是独特性可以使企业控制溢价——即差异化所带来的所有收益,使其在一定价格下出售更多的产品,或者获得诸如买方忠诚度等相应的利益。如果企业获得的溢价超出为经营差异化而追加的费用,那么经营差异化就会使企业获得利润。所以价值链会计针对差异化优势的任务包括:①分析不同作业的差异化成本和

差异化溢价,各自进行比较,确定能够带来增值的差异化;②分析与上下游企业联系的作业中的差异化成本和溢价,通过协调和联系降低对方成本和增加对方效益,从而维护整个价值链联盟;③将某项作业的差异化成本与竞争对手的同等成本进行比较,分析该差异化优势。

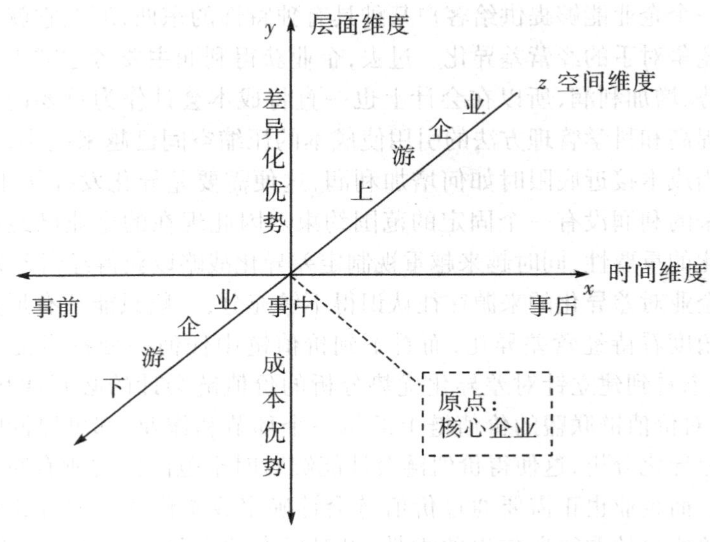

图 6-2　价值链会计坐标图

如图 6-2 所示,将价值链会计的空间维度、时间维度和层次维度三者组合建立了价值链会计范围的坐标系。在该坐标系中,原点是价值链联盟中的核心企业,x 轴是时间维度,y 轴是层面维度,z 轴是空间维度,坐标系中各点都代表不同时间、空间和层次上的作业。如前文所述,该坐标系中的空间维度是核心企业的外部纵向价值链,横向上来看,核心企业的其他竞争对手也和核心企业一样可以以自身为原点建立一个三维的价值链空间坐标系,这些坐标系之间可能具有潜在的联系,这个联系就是外部横向价值链。企业和竞争对手之间通过横向价值链,对坐标系中的各点进行竞争优势比较分析。

第七章　价值链会计的生成系统

第一节　价值链会计的确认

一、确认的含义

确认是指在交易和事项(经济业务)发生时,一个项目正式按要素(所属账户)正式予以记录并按要素的项目计入财务报表及其合计中的过程。会计确认包括两个步骤,第一个步骤体现为将经济业务传递的数据利用文字表述和金额归集于账户之中;第二个步骤体现为最终在财务报表中进行表述的过程。前者可以认为是初次确认,而后者则是一种再确认。

价值链会计确认指将某一项目作为一项资产、负债、投入、产出等正式地记入某一主体的财务报表,并对决策有用的财务报表之外的信息进行挑选、归类、整理的过程。美国 FASB《第 5 号“财务会计概念公告”》对会计确认的界定是:确认是将某一项目作为一项资产、负债、营业收入、费用等正式地记入或列入某一主体的财务报表的过程。它包括同时用文字和数字表述某一项目,其金额包括在财务报表的合计数中。对于一项资产或负债,确认不仅要记录该项目的取得或发生,而且要记录其随后的变动,包括导致该项目从财务报表上予以剔除的变动。其目的是试图直接用于指导财务报告(主要是财务报表)的编制,将确认限定在财务报表影响范围之内,将财务报表之外的信息的挑选、归类、整理过程排除在确认活动之外。随着经济环境的复杂、多变,企业的经济活动也日趋复杂,大量经济业务无法在现有的财务报表内得以反映,从而影响了财务报表完整地反映企业财务状况与经营成果,会计信息的相关性随之降低。确认代表了会计行为中的识别、判断即决策阶段,只有以向会计信息用户提供决策有用的信息为中心,以“决策有用性”为指导,提高信息的相关性,不仅对影响财务报表的活动进行确认,还将财务报表之外信息的挑选、归类、整理过程纳入确认的范围,才能正确、完整地记录和报告企业财务状况与经营成果,产生对会计信息用户决策有用的信息。

二、确认的标准

价值链会计以决策有用性为确认的宗旨，提出以下四项确认标准：

(1)相关性。因所确认的项目而生成的信息，对使用者的决策产生影响。这是价值链会计确认中最重要的一条原则，因为价值链会计报告的目的是为信息使用者提供决策有用的信息。

(2)可定义性。所确认的项目可以归属到报表中的某一要素。因为会计报表是根据要素类别来对项目进行分类报告。

(3)相对可靠性。所谓相对可靠是指确认项目的价值信息不一定是现实交易价格和金额，但可以以现实交易价格和金额为基础进行合理推断。

(4)货币计量为主。对于财务报表内项目的确认，应当遵循货币计量的标准，而对财务报表之外的信息进行挑选、归类、整理的过程，可以是货币以外的计量标准。这是因为财务报表内的项目之间存在着相互的钩稽关系，可以通过数学运算进行相互的验证。这就要求有一致的计量标准，才能进行相互间的运算和验证。而对于财务报表之外的信息的挑选、归类、整理，则应根据其性质采用相应的计量标准，而不局限于货币计量。这主要是根据经济环境的变化、针对传统财务会计确认标准的不足而确定的。美国 FASB《第 5 号“财务会计概念公告”》提出确认的四项基本标准为：可定义性，所确认的项目要符合财务报表中某一要素的定义；可计量性，所确认的项目要能予以定量；相关性，因所确认的项目而生成的信息，对使用者的决策有影响；可靠性，所确认的项目是真实、可验证的。概括起来是一个项目符合会计要素的定义并能可靠地计量，同时与信息使用者相关。随着经济、技术的发展，企业间关系的复杂，给企业会计确认带来许多挑战，比如商誉、人力资源价值、企业与供应商和顾客之间的联系价值和协同价值等，在企业经营中发挥着越来越重要的作用，对企业未来经济利益产生重要影响，但因难以可靠地计量而被排除在确认范围之外。

三、确认的内容和基础

确认需要解决几个问题：哪些项目应该进入会计系统？这些项目应记录成什么要素？什么时间予以确认？确认的金额是多少？其中，确认金额的多少，是会计计量所需重点回答的问题。这里主要讨论前三个问题。什么项目应该予以反映，指的是会计确认的内容。应予确认的项目于何时、记录成什么要素，这是确认的基础。

(一)确认的内容

什么项目应该予以反映？总的来说价值链会计以交易观为基础，结合非交易观的思想，对影响会计信息使用者决策的项目进行确认。具体内容包括：

(1)交易观基础上应予反映的项目。所谓“交易观”(Transaction Approach),即在一个主体中,凡是交易或事项确实对企业经济利益产生影响,就应该进行会计处理,并在会计系统中得到反映。即这些交易或事项应该是发生在不同主体之间或同一个主体内部的、对主体的经济资源和义务产生明确的变动影响,包括增加或减少经济利益(现在的或未来的)、引起资产和负债要素变动,等等。

(2)非交易观思想指导下增加的反映项目。“非交易观”即事项观(Events Approach),这种观点来源于美国会计学家索特(Sorter)在20世纪60年代提出的事项会计。在事项会计中,“事项”(Events)是会计主体的各种经济活动,它与信息使用者的决策相关。事项观认为,财务会计目标在于提供与各种可能的决策模型相关的经济事项信息,与决策相关的事件信息应尽量以其原始的形式保存。会计人员的任务只是提供有关事项的信息,而让信息使用者根据其决策需要加工产生所需要的适用的事项信息,并将其运用在决策模型中。根据非交易观的思想,拓展交易观确认内容,确认与决策有用而又不在交易观确认范围之内的信息,主要有商誉、人力资源价值、联系价值和协同价值等。

(二)确认的基础

根据确认内容选择确认基础。权责发生制是基于交易观之上的确认基础,因此价值链会计的确认基础相应以权责发生制为基础,但结合非交易观思想增加的确认内容不适合用权责发生制,对这些特殊项目可以采用现金流动制进行确认。现金流动制是修正的收付实现制,它包括可能的或虚拟的现金流动并可以处理现在或未来可能的现金流动。这种方法认为,利润的确定不是通过确认收入与费用,并运用收入减费用的方式进行,而是比照存货盘存的方法确定资产净值,利润就是前后两期净资产价值的变动额。把现金流动制作为商誉、人力资源价值、联系价值和协同价值等项目的确认基础是因为它们的特殊性质。

商誉是指企业获得超额收益的一种能力,是企业由于所处地理位置的优越,或由于信誉好而获得客户的信任,或由于组织得当、生产经营效益高,或由于技术先进、掌握了生产诀窍等原因而形成的无形资产。其性质可归纳为:①是一种企业所独有的可在未来带来超额经济收益的经济资源;②其形成和发挥与企业的整体而不是某一要素有关;③可以从外部购入,也可以在内部形成;④可以用货币来计量;⑤价值随着企业经营环境的变化而不断变化。商誉的这些性质决定其价值不能用相应可靠的支出来配比确认,由于它的未来盈利性,因此可以利用现金流动制包括可能的或虚拟的现金流动并可以处理现在或未来可能的现金流动这一特点来确认。人力资源价值、联系价值和协同价值它们最大的特征是能给企业未来带来超额的盈利能力,具有与商誉相似的性质。事实上,构成广义商誉的各项无形资源包括企业的杰出管理人才即人力资源,良好的地理位置,独特的生产技术和专营专卖权等。因此,它们的确认可以比照商誉的确认进行。

利用现金流动制对商誉、人力资源价值、联系价值和协同价值进行确认的思路:将企业期初净资产公允价值视为虚拟的现金流出,期末净资产公允价值视为虚拟现金流入,二者相比较的差额减去经营增值,即按权责发生制确认的不含这些项目的企业价值增值额,或者说是按传统财务会计确认的企业未分配利润本期增加额,得到一个差额,由于是期初和期末净资产评估价值的差额,所以把它定义为评估增值。用公式表示如下:

评估增值=期末净资产公允价值-期初净资产公允价值-经营增值

(公式7.1)

评估增值包含了企业在这一会计年度内所发生的全部价值交易及诸如物价变动、商誉价值变动、人力资源价值变动、联系价值和协同价值变动影响的价值增减变动总额。将评估增值分配给当期产生影响的项目,对这些项目进行增减调整后即得到它们的价值。

对这些项目的确认应何时进行,记入什么账户。由于价值是通过评估确认,需要花费时间、人力、财力,不宜经常进行,结合会计报表的披露,可以选择年度终了时集中评估。商誉、人力资源价值、联系价值和协同价值是企业所拥有的并能给企业带来未来现金流入的经济资源,它们没有实体形态,所以可作为企业的无形资产入账。

值得一提的是投入、产出和增值的确认。它们是价值链会计特有的要素,总的确认基础是权责发生制,但在操作上还应把握其确认时间。产出可以分为对企业内和企业外。对企业外产出可借鉴传统财务会计收入确认方法。对企业内产出是在内部流程和作业间进行,产品从一个作业完工转移到另一个作业,形成作业产出;从一个流程完工,转移到另一个流程,形成流程产出。因此,流程和作业产出的确认时间为完工并转移。投入包括资源投入、作业投入、人工投入和制造费用,确认规则可借鉴传统财务会计关于成本费用确认的规则,不同的是,价值链会计以流程和作业而不是企业整体为单位。作业产出和与之配比的投入之差为作业增值,流程增值是流程内各作业的增值之和,企业增值由流程增值加上企业其他增值构成。

第二节 价值链会计的计量

一、计量的含义

计量是指为了在资产负债表和损益表中确认和计列有关财务报表的要素

而确定其货币金额的过程。会计计量过程包括两方面内容:①某一项目的实物数量;②某项目的货币表现,即金额。金额取决于两个因素:计量单位和计量属性,它们之间的不同组合形成了不同的计量模式。

计量单位是指对计量对象就某一特性进行计量时,具体使用的标准度量。在计量过程中,货币一直充当着记账的单位或通用标准,但货币本身也有价值,即货币具有两重特性。货币的两重特性决定了计量单位存在两种选择,一是名义单位,二是货币购买力。

计量属性是指被计量客体的特性或外在表现形式,会计计量属性是指用货币符号对各种会计对象要素进行量化表述的信息,它有时也称为计量基础。可用于计量的属性有历史成本、现时成本、可变现净值、现值、公允价值等。

价值链会计计量以事实性计量为选择计量标准的原则,直接计量和间接计量并用为采用分配方法的标准。事实性计量在确定按何种计量标准来计量某一事物时,不以计量主体(或信息使用者)的主观需要为依据,而是从该事物的自身特征出发,选择一种最能说明该事物的性质与特征的属性作为计量标准。与之相应的是目的性计量,从计量活动执行主体的主观需要和目的出发,选择符合被计量对象的特征(或属性)作为计量标准,以进行计量活动。使用者的不同需求,将导致不同计量属性的选择。直接计量依照一定的标准或属性,将被计量的客体加以量化。这适合于有明确交易价格的物品的计量。间接计量是在直接计量基础上,借助于各种计算方式,推算出被计量客体的数量特征,包括将不同物的价值加总得出某一类物品的价值;用账面价值减去折旧得出固定资产净值。价值链会计以决策有用性为指导,尽可能地披露与企业价值增值有关的信息,而不披露者主观需求和目的对信息加以选择,因此它遵循的是事实性计量。事实性计量导致一些计量对象难以用一定的标准直接进行量化,间接计量因而被采用。

二、计量模式

(一)计量模式的要素和组成

一个完整的计量模式包括计量对象、计量属性和计量尺度。

计量对象是指被计量的客体,具体到价值链会计要素上,就是资产、负债、所有者权益、投入、产出、增值。

计量属性是指被计量客体的特性或外在表现形式。具体到会计要素即是资产(负债)、产出(投入)等要素可以用货币进行量化表述的方面。美国FASB《第5号概念公告"企业财务报表的确认与计量"》列举了5种可能的计量属性:历史成本/历史收入;现行成本;现行市价;可变现净值;未来现金流量现值。FASB在《第7号概念公告》中又增加了公允价值与现值的概念,并认为现值是一个分配方法，通过现值计算探求公允价值。公允价值属性取代了上述未来现金流量现值成为第五种属性。

计量单位是指对计量对象就某一属性进行计量时具体使用的标准量度。通常，可选择的货币量度单位有两种：名义货币量度单位和不变购买力货币单位。

(二)计量模式

价值链会计对计量属性和计量尺度可行方法的选择构成价值链会计计量模式，如表7－1所示。

表7－1　价值链会计计量模式表

<table>
<tr><th colspan="2">计量对象</th><th>计量属性</th><th>计量尺度</th></tr>
<tr><td rowspan="2">资产</td><td>商誉、人力资源、联系价值、协同价值</td><td>公允价值</td><td>名义货币</td></tr>
<tr><td>其他资产</td><td>历史成本</td><td>名义货币</td></tr>
<tr><td colspan="2">负债、所有者权益</td><td>历史成本</td><td>名义货币</td></tr>
<tr><td colspan="2">增值</td><td>公允价值</td><td>名义货币</td></tr>
<tr><td rowspan="2">产出</td><td>对企业外产出</td><td>历史收入</td><td>名义货币</td></tr>
<tr><td>对企业内产出</td><td>内部转移价格/历史收入</td><td>名义货币</td></tr>
<tr><td rowspan="2">投入</td><td>资源投入、人工成本、制造费用</td><td>历史成本</td><td>名称货币</td></tr>
<tr><td>作业投入</td><td>内部转移价格</td><td>名义货币</td></tr>
</table>

由于名义货币计量主观随意性较低，并客观、可靠，故价值链会计以它为计量单位。计量属性视不同的计量对象而定。

1. 资产、负债、所有者权益

除了资产中的商誉、人力资源、联系价值、协同价值是以公允价值反映外，资产、负债和所有者权益的计量基本上与传统财务会计的计量模式相同。

按照确认商誉价值、人力资源价值、联系价值和协同价值的思路，确定了包含它们价值增值在内的评估增值后，分配评估增值，具体步骤如下：

(1)确定贡献率。贡献率指的是把确认阶段确认的包含商誉价值、人力资源价值、联系价值和协同价值在内的价值增值看成一个总体，分别确定各价值在总体中所占比重的大小。具体又可以分成两个阶段：①确定企业评估增值中是否含有该项目增值。通过分析企业的经营环境和日常经营情况，确定是否因企业良好的信誉、知名品牌和优越的地理位置而给企业带来价值的增值；是否因特殊人员的因素使得企业价值明显增长；是否因与供应商和顾客建立、维持和改善关系，进行相互间活动的协同而给双方带来了更多的增值。②确定贡献的大小，即贡献率。这项工作由企业的经理层人员，通过将本期增值项目进行比较和权衡得出。因此，贡献率是相对的而不是绝对的。由于评估增值除了这些因素的作用外，还可能有物价变动等因素的影响，对物价变动带来的影响，称之为物价变动影响率，因此，贡献率的和将等于或小于1。例如，企业管理层在充分了解了企业的业务状况后，确定企业价值增值的作用因素有良好的地理位置、拥有特殊的人力资源和物价持续上涨，并将良好的地理位置因素的作用评估为0.4(40%)，特殊的人力资源贡献为0.3(30%)，那么物价变动影响率为0.3(30%)，贡献率合计0.7(70%)。

(2)分配增值。将评估增值乘以相应的贡献率。以商誉为例，其他的以此类推。商誉增值计算公式为：

$$商誉增值=评估增值\times商誉贡献率 \qquad (公式7.2)$$

2. 产出、投入

对企业外产出和对企业内产出，计量属性不同；作业投入和资源投入、人工投入、制造费用也有区别。

(1)对企业外产出用历史收入进行计量。由于它是企业与其他企业间的业务往来，给企业带来收入，有着明确的市场价格，用历史收入进行计量，可以减少不确定性带来的风险。

(2)对企业内产出和作业投入可以一起考虑，用内部转移价格计量。事实上二者是一个事项的两个方面，一个流程或作业对内的产出即是另一个流程或作业的作业投入。因为它们是在企业内部进行的交易，不能用市场交易价格来计量，如果用成本进行计量又不能体现不同流程或作业的价值贡献。

内部转移价格也称内部核算价格，是建立在内部市场机制或市场价格的基础上，供求双方所接受的协商价格。可以说是历史成本/历史收入的一种。对于作业产出方是历史收入，而作业需求方则是历史成本。

流程和作业内部转移价格的确定分两种情况：一是流程和作业既有对内产出又有对外产出，或投入既可从内部获得也可从市场购买；二是全部都是对内产出或内部投入。第一种情况可以直接以对外产出价格或市场购买价格作为内部转移价格，即是市场价格法，以减少确认的难度。第二种情况采用内部转移价格。内部协商的基础是标准成本，协商确定的价格是标准成本加成价格。以标准成本为基础，一方面可以避免产出的提供流程或作业为了自身的利益一味地抬高价格，并激励产出提供流程或作业努力降低成本，以增加流程或作业的增值。另一方面，成本加成率是对产出提供者所作贡献的肯定，能很好地调动其生产的积极性。

通过协商来确定加成率，是对市场机制的引入，如同企业产品的价值需要得到顾客的认同一样，作为内部交易对象的流程和作业产出价值同样要得到其

"顾客"的认同,这种认同体现在成本加成率的协商确定过程中。资源投入、人工投入和制造费用以历史成本计量,与它们本身的含义相关。

资源投入是流程和作业耗费的企业外资源的投入,可以从物资采购账户以及采购明细中获得相关数据,按计划成本核算的企业,可以从企业计划成本中获得各项资源投入的计划价。各企业都规定有员工的工资计算标准和方法,人工投入可以从企业人事部取得相关数据。制造费用主要是固定资产折旧费用的分摊,固定资产计价是按照历史成本进行,折旧费用是对历史成本下的固定资产价值的抵减,显然也是历史成本。

3. 增值

增值的计量属性有两个:历史成本/历史收入、公允价值。作业增值构成流程增值,流程增值加上商誉价值增值、人力资源价值增值、联系价值和协同价值增值等构成企业总体价值增值。作业增值由作业产出减作业投入而得,作业产出和投入从根本上说都是历史成本/历史收入,属于按历史成本/历史收入计量,而商誉价值增值、人力资源价值增值、联系价值和协同价值增值是建立在公允价值基础上的评估增值,是按公允价值计量。

第三节　价值链会计的记录

一、凭证设计

凭证是全面记录作业增值核算过程的载体。在价值链会计核算体系中,核算分流程和作业进行。作业是流程的构成单元,流程的相关内容通过作业来反映。因此,在凭证设计时,关键是作业层次原始凭证的设计。作业主要有投入、产出和增值几方面内容,相应的凭证是作业成本明细表、作业成本分配表、作业产出流向明细表和作业增值计算表。

作业的投入包括资源投入、作业投入、人工成本和制造费用。作业成本明细表是对作业各项耗费的详细记录。其设计如表7-2所示。

表 7－2　　**作业成本明细表**

作业名称：　　所属流程：　　负责人：　　日期：

<table>
<tr><th colspan="2">项目</th><th>数量</th><th>金额(万元)</th></tr>
<tr><td rowspan="2">资源投入</td><td>a 材料
b 材料
…</td><td></td><td></td></tr>
<tr><td>小计</td><td></td><td></td></tr>
<tr><td rowspan="2">作业投入</td><td>作业 A 产出 X
作业 B 产出 Y
…</td><td></td><td></td></tr>
<tr><td>小计</td><td></td><td></td></tr>
<tr><td colspan="2">人工成本</td><td></td><td></td></tr>
<tr><td colspan="2">制造费用</td><td>——</td><td></td></tr>
<tr><td colspan="2">合计</td><td></td><td></td></tr>
</table>

编制人：　　审核人：

作业成本分配表是将归集的作业成本在完工产品和未完工产品之间分配的计算表，如表 7－3 所示。

表 7－3　　**作业成本分配表**

作业名称：　　所属流程：　　负责人：　　日期：　　单位：

<table>
<tr><th rowspan="2">成本要素</th><th rowspan="2">金额</th><th rowspan="2">单位成本（万元）</th><th colspan="2">完工产品</th><th colspan="3">未完工产品</th></tr>
<tr><th>数量</th><th>金额（万元）</th><th>数量</th><th>约当数量</th><th>金额（万元）</th></tr>
<tr><td>资源投入</td><td></td><td rowspan="5"></td><td rowspan="5"></td><td></td><td rowspan="5"></td><td rowspan="5"></td><td></td></tr>
<tr><td>作业投入</td><td></td><td></td><td></td></tr>
<tr><td>人工成本</td><td></td><td></td><td></td></tr>
<tr><td>制造费用</td><td></td><td></td><td></td></tr>
<tr><td>合计</td><td></td><td></td><td></td></tr>
</table>

编制人：　　审核人：

注：a. 单价＝金额合计÷（完工产品数量＋未完工产品约当数量）

b. 未完工产品约当数量＝未完工产品数量×完工百分比

完工产品当期可能对外销售也可能形成库存。本期完工并结转的形成作业产出，完工但未结转的形成存货。作业产出有对企业内和企业外、流程内和流程外之分，产出耗用者不同，价值的确认方法不同。为了确定作业和流程的增值需要对作业产出的流向有明确的了解，价值链会计通过作业产出流向明细表（见表 7－4）反映作业产出的流向。库存金额以成本反映，产出金额以售价反映。作业投入和产出经过上面的汇总、计算，可以计算出作业增值，计算过程如表 7－5 所示。作业增值计算表由作业负责人编制，是编制流程增值的基础。

表 7－4　　完工产品流向明细表

	对企业内				对企业外		作业产出合计		库存	
	对流程内		对流程外							
	数量	金额	数量	金额	数量	金额	数量	金额	数量	金额
完工产品										
合计										

编制人：　　审核人：

表 7－5　　作业增值计算表

作业名称：　所属流程：　负责人：　日期：　单位：万元

增值项目	作业产出	作业投入	增值
流程内			
流程外			
企业外			
合计			

编制人：　　审核人：

作业投入根据完工产品流向明细表中数量乘以作业成本分配表中单位成本计算得出。

二、账户设置

价值链会计各要素下账户设置如下。

（1）资产。在无形资产下增设“商誉”、“人力资源价值”、“联系价值”、“协同价值”四个明细科目。增设“待转作业成本”账户核算本期库存作业成本，在资产负债表中列示于存货项目下。其他账户设置同传统财务会计。

（2）负债。同传统财务会计的设置。

（3）所有者权益。增设“未分配增值”账户对期末未分配的增值进行反映。并把未分配利润作为未分配增值的一部分。其他账户同传统财务会计。

（4）投入。设置“投入”总账科目取代“生产成本”对发生的成本进行核算，并在该科目下按流程和作业设置二级和三级账户进行明细核算，形式为“投入——××流程——××作业”。并把传统财务会计成本费用类中的其他科目归属其中，如制造费用等。

(5)产出。设置“产出”总账科目,并按照“产出——××流程——××作业”的三级形式对各个流程和作业的产出情况进行核算。并把传统财务会计中其他收入类科目归属其中,如营业外收入等。

(6)增值。设置“增值”总账科目核算企业层次增值,按流程和作业设置二级和三级账户对各流程和作业的增值进行明细核算,设置“商誉”、“人力资源价值”、“联系价值”、“协同价值”、“其他”二级科目对商誉、人力资源价值、联系价值、协同价值本期变动额和其他业务带来的企业增值进行记录,增设“未分配增值”总账科目核算年末未分配的增值,并把传统财务会计中利润类科目归属其中。

三、账务处理

传统财务会计通过成本费用和收入的一系列核算计算利润,而价值链会计通过投入和产出的一系列核算最终计算增值;核算结果的不同导致利润分配与增值分配的差别,由此带来二者账务处理的差别。根据价值链会计的核算思路绘制其核算流程如图 7－1 所示。

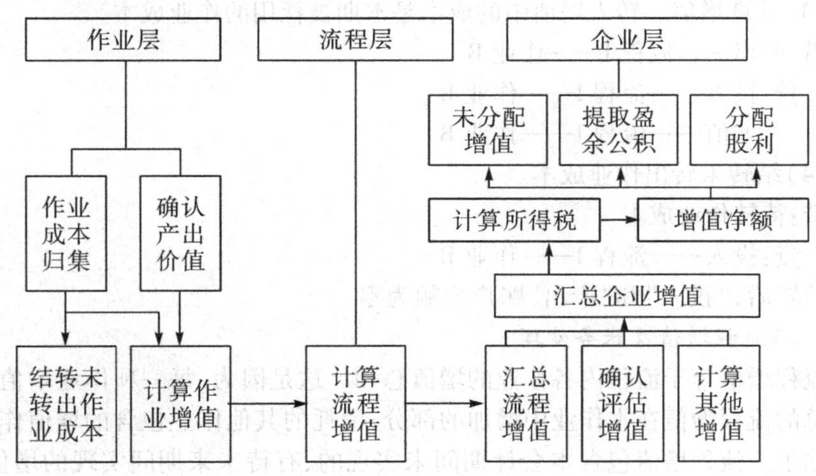

图 7－1　价值链会计核算流程图

价值链会计核算流程图可分解为四个步骤:首先,分别核算每个作业的增值,进行相应处理;其次,把每条流程内的作业增值加总得出流程增值,进行账务处理;再次,把所有流程增值汇总并加上其他增值项目得到企业总体价值增值,进行账务处理;最后,对增值进行分配,并进行账务处理。

(一)作业增值核算及账务处理

核算和处理过程如图 7－2 所示,图中对流程和作业进行编号以示区别,在实际中可以根据实际情况对它们进行命名。该流程具体可分四个步骤:

(1)作业成本归集。从图中可以看出作业成本由四个方面构成:原材料(资源投入)、作业产出、人工成本(应付工资、应付福利费)、制造费用(主要是固定资产折旧费)。

借:投入——流程Ⅰ——作业B

贷:原材料、应付工资、应付福利费、制造费用

产出——流程Ⅰ——作业A

(2)确认产出价值。产出价值包括两个方面:对外产出价值和对内产出价值。对外产出价值是对企业外销售获得的价值,同时计算增值税销项税额;对内产出价值是对企业内其他作业产出获得的价值,形成其他作业的作业投入成本。

借:投入——流程Ⅰ——作业C(或投入——流程Ⅱ——作业D)

贷:产出——流程Ⅰ——作业B

借:银行存款、应收账款等

贷:产出——流程Ⅰ——作业B

应交税费——应交增值税(销项税额)

(3)计算增值。转入增值中的成本是本期被耗用的作业成本。

借:产出——流程Ⅰ——作业B

贷:投入——流程Ⅰ——作业B

增值——流程Ⅰ——作业B

(4)结转未转出作业成本。

借:待转作业成本

贷:投入——流程Ⅰ——作业B

结转后,“投入”和“产出”账户余额为零。

(二)流程增值及账务处理

流程增值等于流程内各作业的增值总和。这是因为,每一项作业增值都只包含总的流程增值在本作业中增加的部分,消耗的其他作业包含的增值作为成本扣除了。流程增值包含本会计期间未实现的、有待未来期间实现的增值,因为部分作业结转到下一作业后确认了增值,但下一作业并未把它消耗并结转,而是成为其存货,这正是价值链会计反映未来增值的体现。

借:增值——流程Ⅰ——作业A

作业B

作业C

贷:增值——流程Ⅰ

(三)企业增值核算及账务处理

流程增值和其他与企业价值增值有关项目增值构成企业价值增值总额,再扣除所得税即得企业增值净额(见图7-2)。

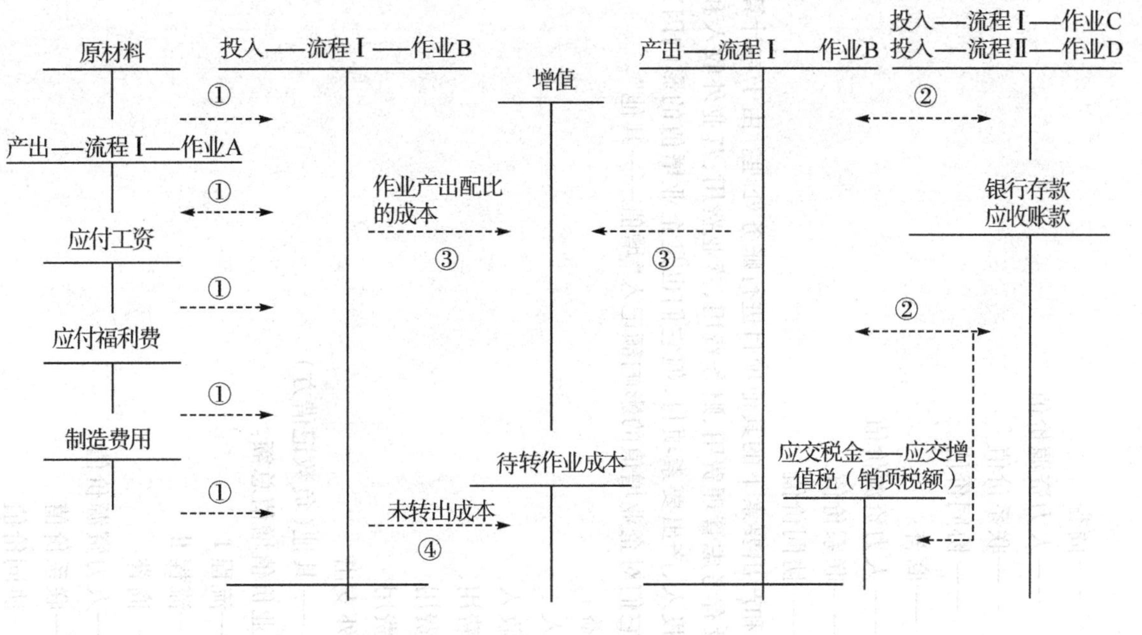

图7-2　作业增值核算及账务处理流程图

(1)对诸如商誉、人力资源价值、联系价值和协同价值等项目的评估增值进行账务处理。评估价值的确定详见价值链会计确认基础和计量模式中的有关论述。

借:无形资产——商誉
　　　　　　——人力资源价值
　　　　　　——联系价值
　　　　　　——协同价值
　贷:增值——商誉
　　　　　——人力资源价值
　　　　　——联系价值
　　　　　——协同价值

(2)对投入和产出要素下的其他项目进行账务处理。由于在计算作业和流程价值增值时没有考虑管理费用、财务费用、营业费用、营业外收入和营业外支出、补贴收入等投入、产出要素项目,但它们也是企业增值的影响因素,在进行账务处理时,把它们对企业增值的影响额记入“增值——其他”。

借:投资收益
　补贴收入
　营业外收入
　贷:管理费用
　　财务费用
　　营业费用
　　营业外支出
　　增值——其他(负数记借方)

(3)计算企业价值增值总额。

借:增值——流程Ⅰ
　　　——流程Ⅱ
　　　——商誉
　　　——人力资源价值
　　　——联系价值
　　　——协同价值
　　　——其他(负数记贷方)
　贷:增值

(4)计算所得税并进行账务处理。根据《税法》的规定,只就企业对外已实现的增值征税。从增值的构成中可知应纳税部分包括流程增值和其他增值两部分。流程增值中应纳税所得额的计算可以各作业对外产出价值为起点,减去对外产出所经历的各项作业中相应的资源投入、人工投入和制造费用。由于一项作业的作业投入可分解成前一项作业的资源投入、作业投入、人工投入和制造费用,前一项作业的作业投入同样又可分解成它前面一项作业的资源投入、作业投入、人工投入和制造费用,以此类推,可知作业对外产出耗用的总成本为它所经历的所有作业相应的资源投入、人工投入和制造费用之和。例如,作业 C 对外产出 r 万元,该产出在作业 C 之前经过了作业 A 和作业 B 的加工,假设为获得 r 万元产出,作业 A、B、C 分别投入相应资源、人工和制造费用总计 x 万元、y 万元、z 万元,应税所得额为[r-(x+y+z)]万元。其他增值如存在纳税调整事项,按《税法》进行纳税调整后作为应纳税所得额,其他情况直接以全额作为应纳税所得额。

借:所得税

　贷:应交税金——应交所得税

借:增值

　贷:所得税

事实上,流程应纳税所得额与"增值——其他"余额之和即为企业的利润总额,减去所得税得利润净额。

利润总额 = 所有流程应纳税所得额 + "增值——其他"　　(公式 7.3)

利润净额 = 利润总额 - 所得税　　(公式 7.4)

(四)分配企业价值增值,计算未分配利润和未分配增值

(1)计提法定盈余公积和法定公益金。根据流程应纳税所得额和"增值——其他"金额合计减去所得税后的一定比例计提。

借:增值

　贷:盈余公积——法定盈余公积

　　　　　　——法定公益金

(2)分配股利。

借:增值

　贷:应付股利(或股本)

(3)计算未分配利润和未分配增值,并结转未分配增值到"未分配增值"账户。未分配增值既有已实现增值又有未实现增值,已实现增值即未分配利润。区分已实现增值和未实现增值能让信息需求者更好地了解企业现在和未来的增值能力。计算公式及结转分录为:

未分配利润 = 利润净额 - 增值分配　　(公式 7.5)

未分配增值 = 增值净额 - 增值分配　　(公式 7.6)

借:增值

　贷:未分配增值

价值链会计其他方面账务处理可借鉴传统财务会计的处理方法,不再

赘述。

第四节　价值链会计报告

一、编制价值链会计报告的必要性

(1)报告管理者对受托责任的履行情况。

(2)向资本市场普通投资者,特别是那些处于相对信息弱势地位的投资者提供对投资决策有用的信息。

(3)为上市公司筹集资本提供所需的信息。我国《公司法》以及有关规范性文件都对上市公司公开筹集资本提出一定的要求,这些信息需要从财务报告中获得。

(4)通过详细反映企业、流程和作业的价值增值情况,为企业优化作业、重组流程提供了方向和切入点。

二、价值链会计报告的目标

关于会计目标,当前主要有两种观点,一是受托责任观,认为反映经营者的受托经济责任是会计的基本目标;二是决策有用观,认为向投资者等信息使用者提供有助于决策的会计信息是会计的主要目标。随着经济的发展,企业财务环境的变化,会计的目标逐渐由受托责任观转向决策有用观。同样,价值链会计财务报告的目标也将锁定在为企业各利益相关者提供决策快捷灵敏的相关财务信息。要做到这一点,首先,企业要向使用者充分披露有关企业未来发展前景、盈利预测、现金流量的信息。其次,要充分利用网络资源向使用者提供财务信息,同时网络信息的质量特征仍要坚持可靠性、相关性、及时性及可比性。

三、价值链会计报告的特点

(1)实时性。在当前经济环境瞬息万变的背景下,财务信息的及时性获取对使用者极为重要。股东需要及时地获取信息来调整其投资策略,以增加投资收益和降低投资风险。对于企业内部管理者来说能否及时获取信息是其成败的关键,因为会计信息是企业经济活动的反映,管理者需要根据会计信息来做决策,同时也要根据反馈的会计信息来检查其决策的正确性。由于价值链会计财务报告系统的财务信息直接来源于企业价值链管理信息系统的中心数据库,在任何时点,信息使用者都可以通过企业网站上的财务报告系统获得最新的财务报告,而不必等到一个会计期间结束后获得,即信息使用者可以实时了解到企业财务信息的变化情况。这样就解决了企业经营活动的延续性和信息披露的滞后性之间的矛盾。

(2)交互性。它是指用户可以按照自己对财务信息的需要,订制财务报告。财务报告的使用者对信息需求是非同质的,且日趋个性化。并且这种需求,企业管理者无法预知。根据美国注册会计师协会财务报告特别委员会的研究,信息使用者具有不同的需求,主要原因在于:一是使用者的目标和方法不同;二是被估价的资产不同;三是报告公司的环境不同;四是使用者的信息偏好不同;五是需求不断变化。显然,通用的会计报告不能满足信息需求者的不同偏好。在价值链会计中,会计信息的存储是以链环对象为基础的源数据,会计报告的分类与合成可以让信息使用者选择。通过向企业网站上的财务报告系统提出信息需求,系统在数据库中进行搜索和挖掘,合成该用户所需要的会计报告。其间,用户与财务报告系统之间可以不断进行交流与反馈。这样,通过网络,企业能为用户提供更多有助于决策的信息,同时,也能通过交互系统随时了解用户的需求,改进信息的提供与服务。

(3)信息多元性。在网络环境下,价值链会计财务报告信息更加丰富和完整。在内容上,财务报告包括货币信息与非货币性信息、财务信息与非财务信息、定性与定量信息、相关的社会责任信息、分部信息等按照重要性原则披露的信息。另外还提供不同的尺度(货币尺度与购买力尺度)和多重计量属性(历史成本、现时入账价值、现时脱手价值、预期现金流量的资本化或折现值)。将不同的尺度和计量属性进行组合可以得到不同的资产计价和收益确定模式。并且使用者对不同模式的选择可以产生不同意义和相关性的财务报表,充分满足不同层次信息使用者的信息需求。在形式上,突破了传统的纯文本的表现形式,采用文本、图片、动画、声音相互结合的方法,使信息使用者能够更加直观地了解和利用财务信息。除了上述的特点之外,基于价值链管理信息系统的财务报告还能够满足使用者对信息可靠性的要求和对企业前瞻性信息的需求。由于企业财务报告系统的信息直接来源于价值链管理信息系统的中心数据库,这就排除了会计人员对会计报表信息可靠性的影响,这包括会计人员刻意地粉饰报表和输入错误导致的会计报表不准确。另外,由于企业中心数据库包含链环对象相关属性的预测性信息,使得信息使用者可以直接通过企业财务报告系统从数据库中搜索想要的前瞻性信息。

四、价值链会计报告的内容和形式

价值链会计报告内容是企业的财务状况、价值增值情况、现金流量以及对与企业价值增值有关的其他重要信息的披露。财务状况、价值增值情况、现金流量分别通过资产负债表、企业价值增值报表、现金流量表来反映。其他重要信息,比如人力资源非财务信息等,可以在报表附注中或以其他报表的形式进行披露。

五、价值链会计报表的格式

价值链会计报表主要有资产负债表、企业价值增值报表、现金流量表，其格式如表7－6、表7－7、表7－8所示。

表7－6　　资产负债表

编制单位：　　年度　　单位：

资产	年初数	期末数	负债及所有者权益	年初数	期末数
流动资产：			流动负债：		
货币资金			短期借款		
短期投资			应付票据		
应收票据			应付账款		
应收股利			预收账款		
应收利息			应付工资		
应收账款			应付福利费		
其他应收款			应付股利		
预付账款			应交税金		
应收补贴款			其他应交款		
存货			其他应付款		
待摊费用			预提费用		
一年内到期的长期资产			预计负债		
债券投资			一年内到期的长期负债		
其他流动资产			其他流动负债		
流动资产合计			流动负债合计		
长期投资：			长期负债：		
长期股权投资			长期借款		
长期债权投资			应付债券		
长期投资合计			长期应付款		
固定资产：			专项应付款		
固定资产原价			其他长期负债		
减：累计折旧			长期负债合计		
固定资产减值准备			递延税款贷项		
固定资产净额			负债合计		
工程物资					
在建工程					
固定资产清理					
固定资产合计					
无形资产及其他资产：					
无形资产					
专利权					
土地					
…					
商誉			所有者权益：		
人力资源价值			实收资本		

表 7－6(续)

资产	年初数	期末数	负债及所有者权益	年初数	期末数
联系价值			减:已归还投资		
协同价值			实收资本净额		
长期待摊费用			资本公积		
其他长期资产			盈余公积		
无形资产其他资产合计			其中:法定公益金		
递延税项:			未分配增值 其中:未分配利润		
递延税款借项			所有者权益合计		
资产总计			负债和所有者权益总计		

表 7－7　　企业价值增值报表

编制单位:　　　　年度:　　　　单位:

	项目	金额
价值增值	流动 I 增值	
	流动 II 增值	
	流动增值合计	
	减:主营业务税金及附加	
	管理费用	
	财务费用	
	营业费用	
	加:投资收益	
	补贴收入	
	营业外收入	
	减:营业外支出	
	加:商誉	
	人力资源增值	
	联系价值增值	
	协同价值增值	
	增值总额	
	减:所得税	
	增值净额	
价值分配	加:年初未分配增值	
	可供分配增值	
	减:计提法定盈余公积	
	计提法定公益金	
	支付普通股股利	
	未分配增值	

表 7－8　　　　现金流量表

编制单位：　　　　年度　　　　单位：

项目	金额
一、经营活动产生的现金流量：	
销售商品、提供劳务收到的现金	
收到的税费返还	
收到的其他与经营活动有关的现金	
现金流入小计	
购买商品、接受劳务支付的现金	
支付给职工以及为职工支付的现金	
支付的各项税费	
支付的其他与经营活动有关的现金	
现金流出小计	
经营活动产生的现金流量净额	
二、投资活动产生的现金流量：	
收回投资收到的现金	
取得投资收益所收到的现金	
处置固定资产、无形资产和其他长期资产而收回的现金净额	
收到的其他与投资活动有关的现金	
现金流入小计	
购建固定资产、无形资产和其他长期资产所支付的现金	
投资所支付的现金	
支付的其他与投资活动有关的现金	
现金流出小计	
投资活动产生的现金流量净额	
三、筹资活动产生的现金流量：	
吸收投资所收到的现金	
取得借款所收到的现金	
收到的其他与筹资活动有关的现金	
现金流入小计	

表7－8(续)

项目	金额
偿还债务所支付的现金	
分配股利、利润和偿付利息所支付的现金	
支付的其他与筹资活动有关的现金	
现金流出小计	
筹资活动产生的现金流量净额	
四、汇率变动对现金的影响：	
五、现金及现金等价物净增加额：	
将净利润调节为经营活动现金流量：	
净利润	
加：计提的资产减值准备	
固定资产折旧	
无形资产摊销	
长期待摊费用摊销	
待摊费用减少(减：增加)	
预提费用增加(减：减少)	
处置固定资产、无形资产和其他长期资产的损失(减：收益)	
固定资产报废损失	
财务费用	
投资损失(减：收益)	
递延税款贷项(减：借项)	
存货的减少(减：增加)	
经营性应收项目的减少(减：增加)	
经营性应付项目的增加(减：减少)	
经营活动产生的现金流量净额	

第八章　价值链会计的方法

第一节　事前预测与决策方法

一、价值链分析

价值链分析在价值链规划与决策中有着非常重要的作用。价值链作为价值链会计的对象,同时它也是分析价值运动的工具。

(一)分析企业活动

价值链作为会计方法分析企业的价值运动,应当在业务单元——能够制定战略的企业内部单位范围内进行,并且应当尽量将在技术上和经济效果上分离的活动分解出来。而对于生产或营销这样一些比较广泛的职能活动则有必要进一步细分为各种具体的活动,具体的细分程度取决于这些活动的经济性和价值链分析的目的。这些活动被分离和被分列的基本原则是:①具有不同的经济性;②对经营的差异化产生潜在的影响;③在成本中所占比例较大或者所占比例在不断上升。在价值链分析过程中,对竞争优势有重要影响的活动应该单独列示并给予重点对待。

(二)动因分析

价值链作为会计方法,在对企业活动进行分解之后,再通过动因分析,将各种经济活动与资源的分配联系起来,同时也将各种经济活动与资源的耗费联系起来,并将各种经济活动与所创造的价值联系起来。

同时,价值链分析还要将各种经济活动相互之间的关系与价值传递和价值递加联系起来,把企业价值链构成一个完整的整体,从而使企业的成本、收入和利润等具体的价值形式联系起来。

(三)竞争优势分析

价值链作为会计方法,应从获取竞争优势的目的出发,使以企业价值链为核心的整个价值系统成为会计主体作用的直接对象。在纵向上,以企业价值链为核心,将供应商、分销商和客户纳入价值系统,使企业的成本、收入和利润与更广泛的产业框架联系起来,使企业的产权关系突破企业的界限,通过战略联盟或纵向一体化与其他的企业联系起来。价值链分析与传统的"价值增加"分析存在着巨大的差别。传统的“价值增加”分析着眼于从采购开始到销售结束这一过程，以采购款的支付为起点，以收到销货款为终点，其主体是使销售与采购之间的差额最大化。但是这种分析容易失去开发与企业供应商、分销商和客户之间联系的机会，而与供应商和分销商之间的联系是价值链分析的重要内容。分析企业价值链与上游（供应商）和下游（分销商）和客户价值链的关系，可以充分利用上游与下游价值链作业，促进成本的降低或差异化，调整企业在行业价值链中的位置，把握成本优势或差异化优势。

在横向上，价值链分析不仅要研究企业本身的价值链，还要分析研究竞争对手的价值链以及行业价值链。分析研究竞争对手价值链的目的，就是通过对竞争对手价值链的深入调查，摸清竞争对手产品的差异化优势或成本优势的来源，从而借鉴竞争对手的经验、方法，采取措施优化企业的作业和价值链，使企业赶上或超越竞争对手。

二、目标成本管理

目标成本的原始含义是实现目标利润所需要的成本。现代成本管理中，对目标成本作了比较广义的解释，将作为一定时期内工作目标的成本指标也理解为目标成本。但是按照这种解释，计划成本、标准成本等，都有可能理解为目标成本。但这种解释对目标成本的定义显得过于宽泛，不利于发挥目标成本管理的作用。因而，这里将目标成本定义为实现目标利润所需要的、有必要作为未来长期工作目标的成本。

目标成本管理的核心思想是在产品开发设计阶段就引入目标成本，将成本与利润计划、产品开发等因素结合起来，使成本控制得以强化。由于产品成本在设计阶段就几乎被确定，在这一阶段对成本进行规划与控制，为降低产品成本，实现企业战略目标奠定了坚实的基础。所以它成为一种有效的事前预算方法。

目标成本管理的研究在日本取得了巨大的进展，并得到广泛的应用。20世纪80年代和90年代，日本经济高速发展，使以目标成本管理为核心的成本规划受到世界管理界的高度重视。日本企业这一独特的成本管理方法，也为日本企业产品以低成本高质量的形象角逐于世界市场发挥了重要作用。

目标成本管理在事前预算中的重点部分是目标成本计算。以制造企业为例，它包括：估计一项新产品的目标成本，然后设计该产品和产品的生产工艺流程，使今后按照该设计方案生产所发生的成本符合目标成本的要求。其管理一般由三个阶段组成：开发纲领性计划、目标成本的确定和目标成本的实现。

（一）纲领性计划阶段

产品开发负责人开始分析拟开发产品和现有产品存在的问题，并将这些产品的商业价值与其他公司比较。最高管理当局决定成本企划与目标成本的基本政策。

（二）目标成本的设立阶段

目标成本采取单位产品目标成本的形式并被分解到各个职能部门，成本企划活动的目标物（对象）受到明确的限定。所分配的目标成本成为各部门需要完成的长期目标。各公司可以根据自身产品成本构成的特点对其成本构成的主要部分进行重点考虑，例如：若制造成本中的材料成本较高，则应对采购成本的降低给予特别的重视。

（三）目标成本完成阶段

规划设计部门组成小组形成工厂、采购和其他相关部门，在产品设计方案制定之前负责制定出完成目标成本的具体计划，他们同时也对从产品设计方案公布到预期的销售部门成本整个过程中的目标成本负责。这个过程通过比较设计方案图纸与生产工艺图纸所需要的成本并对它们进行核查来完成。按设计方案所确定的目标成本以设计阶段所确定的物料消耗等为基础推算确定，而生产工艺图纸所需要的成本以制造阶段为基础交易确定。同时，与目标成本进行对比以弄清各职能部门在成本方面存在的问题，并从价值分析的角度加以解决。最终通过对成本企划活动的总结确定目标成本。

在这里，产品及生产工艺流程的设计亦即价值链的设计，因而，目标成本管理实际上也是一种以目标成本为导向的价值链规划、决策的方法。

三、作业成本预算

作业成本预算（Activity - Based Budgeting，ABB）是应用作业成本系统，根据作业成本信息按作业编制预算。所谓作业成本预算，即根据运营单位和责任中心所提供的“作业”量来决定应向这些单位提供的资源的数量。ABB 是 ABC 的相反过程，ABC 是先将资源费用分配到作业，然后找出作业成本动因，最后将成本归集到成本目标（如产品、服务、消费者）。而 ABB 的步骤如下：

（一）分别估计产品和顾客下一期的生产和销售量

组织活动开始于估计生产销售量与生产销售组合。这种估计不只包括将出售的产品和服务，也包括预计购买产品和服务的各个顾客（或顾客类型）。除了产品生产和销售的总量，这种估计还应包括产品生产和销售订货的程序。例如，预算应包括每种产品的生产循环的次数、原材料定购和接收的频率、顾客订单的数量、运输方式，等等。所以需求估计必须既包括生产总量，也包括详细的预计生产量被生产出来的方法，如批数及生产循环次数。

（二）预计组织的作业要求

这一步骤是预计为实现第一步中估计的产品、服务与顾客数量组合所需的组织作业要求。该过程与传统预算法下的预算计算方法一致,即根据与其生产组合来预算原材料的购买、机器的使用、直接人工的供给。ABB 对传统预算方法的发展是:预计直接需求和支持活动——订货、接收和处理原材料,处理顾客的订单、投诉、技术支持要求;安排和开始生产循环以及其他在作业活动。ABB 要估计所有作业成本动因的预期数量。要实现这一目标,预算制定人员必须确切地知道生产和销售的数量。但也必须估计完成生产和销售数量的方法,即,潜在的生产产品和服务的程序以及市场开发、销售、客户服务的程序。

(三)计算执行组织作业所需的资源

确定了预期作业需要量,预算人员接下来必须估计执行这些作业所需的资源量。预期资源供给要求预算人员能理解潜在的执行作业的"效率"。

(四)确定满足需求的实际资源供给

在这一步骤中,预算程序将进行作业的资源需求转化为必须提供的每一种资源的总量估计。对弹性资源,如维持其运转的能源,按小时或实际产品付工资的劳动力,供给量与需求量密切相关,基本呈线形相关。另一个极端是固定资源,如工厂的空间,只要需求量不超过现有资源的生产能力,就可以在不增加支出的情况下以现存的供给来满足需求量,支出不随着需求的变化而变化。介于两极之间的是阶段性变动资源,随着需求的增加,这类资源的供给呈阶段性增加。

对资源供给的估计,要估计出在一项作业中所使用的每一项资源的数量。通常,给定作业要求复合资源供给时,ABB 模型必须估计由作业引起的需求与由执行该作业所必需的资源需求而引申出的资源需求之间的关系。ABB 目的在于估计未来的资源供给;而不是力求将它完美的模式化。使用者常常能够根据他们的需要发展新的曲线或在初始预算计算开始后调整三种基本的资源形式的预期供给。

(五)确定作业能量

当一项作业所需的全部资源被确定时,使用者就可以确定实际的作业能量了,这一实际作业能量是资源的能量,资源首先限制公司执行作业的能力。在 ABB 中,确认有两种形式的能力,一种在作业水平,另一种在资源水平。如果资源是可转移使用的,有必要计算使用该种资源的每一种作业在资源水平的闲置生产能力。

作业成本预算将财务数据与消耗相关资源作业相联系。在这种预算指导下,部门可以通过削减那些并不影响整体效果的特殊作业来降低成本,使部门达到或超过其预算目标。例如,假定采购部门"认定供应商"这项作业的成本随供应商数量变动,则采购部门可以通过减少供应商的数量来削减成本。为了更好地发挥预算的控制作用,作业成本预算也可以编制为弹性作业成本预算。

第二节　事中实时控制方法

一、作业成本控制

价值链会计中的事中实时控制主要运用作业基础的思想。作业成本法计算的理论基础是:产品消耗作业,作业消耗资源并导致成本的发生。因此,作业成本法对于间接制造费用,首先是按照资源动因归集到各项作业或各个作业成本库,然后再按照作业动因将作业成本或作业成本库的成本分配到产品。作业成本法与传统成本计算的不同之处在于两点:一是它可以提供作业成本的信息,这为作业和价值链管理提供了必要的基础;二是可以提供更加准确的产品成本信息,从而保证产品生产经营决策的正确性。但通常所述的作业成本法主要是针对核心企业内部,而价值链会计事中控制的对象还包括整个战略联盟范围内的上游企业(供应商)和下游企业(客户)。这里主要介绍针对客户和供应商的作业成本管理。

价值链会计通过拓宽分析范围,组织可以进行更多的综合作业成本分析。事实上,许多对于组织资源的需求不仅来源于产品,而且来源于客户、分销和递送渠道以及供应商。在将成本对象扩大到客户和供应商之后,可以将销售、营销、分销和管理费用(以下简称 SMDA)分配给这些成本对象,如客户或营销渠道等。

(一)客户成本控制

由于所有客户消耗资源的比率都不尽相同,所以把 SMDA 费用分配给客户是有价值的。作业成本法使得经理们能够找到那些致使某些客户的服务成本较高或较低的特征。以前,这种服务成本的差别被隐藏了,原因是或者没有试图把营销、销售、技术和管理成本分配给单个客户,或者是按照销售额而不是真正的成本动因进行分配,导致分配很武断。

1. 对高服务成本客户和服务成本客户进行管理

企业可以通过一个简单的 2×2 的图标来透视他们的客户(见图 8-1)。

纵轴表示的是向客户销售产品所取得的净利。净利等于销售净价在扣除了所有销售折扣和折让后,再减去制造成本(可以运用 ABC 的产品成本模型来度量)。横轴表示的是服务于该客户的成本,包括与订货相关的成本,再加上专门的客户维持性营销、技术、销售和管理费用,这些费用与服务各个单一客户相联系,可以通过 ABC 的客户成本模型来衡量。

图 8-1 表明了企业可以通过不同的途径来获得赢利客户:

(1)位于图中左下象限的客户要求支付低价格,所以净利将会较低,但同时

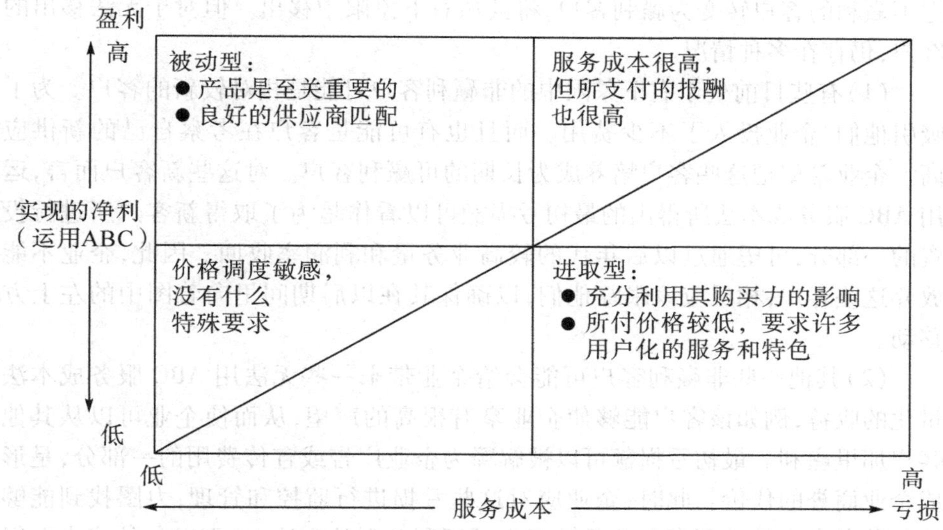

图8-1　衡量和管理客户的获利能力图

也会与供应商协作,因此服务成本也较低。

(2)如果客户服务成本很高,但向这些客户销售产品所赢得的净利超过了为服务这些客户所配置资源的成本,那么这些高服务成本客户也可能是赢利的,他们位于图8-1中右上象限。

(3)位于图8-1中左上象限的客户应该得到企业的珍惜和保护。他们为企业带来高的净利和低的服务成本,因而也很容易被竞争对手抢夺。管理者们应该准备好向这些客户提供适度的折扣和激励,或者特殊的服务以保证在其他竞争对手来临时,这些客户能保持对本企业产品或服务的忠诚。

(4)最富有挑战性的客户群位于图8-1的右下象限:低的净利和高的服务成本。首先,采取的措施应该是提高目前已经处于临界状态的那些工序的绩效,即降低与服务这些客户相关的作业成本。其次,高服务成本可能是由客户订单模式引起的,如不可预测性、变化、频率过繁、非标准化的供应和交货要求等。企业可以就这些要求与客户沟通,以采取费用更低的模式,即减少客户所要求的作业数。内部作业和业务工序的改进和企业与客户间的合作都将降低服务成本,从而使客户在图中的位置向左,即收益率较高的方向移动。如果客户不能或不愿转变其购买和交货模式以降低服务成本,那么企业可以采取其他措施以增加收入,如修正定价安排。

2. 对非赢利客户的管理

由企业单独或与客户联合进行的主动性定价和工序改进,通常能够成功地把不赢利的客户转变为赢利客户，将其从右下象限中移出。但对于无法移出的客户，仍存在多种情况。

(1)有些目前处于右下象限中的非赢利客户可能是相对较新的客户。为了吸引他们，企业投入了不少费用。而且也有可能是客户在考察自己的新供应商。企业希望把这些客户培养成为长期的可赢利客户。对这些新客户而言，运用 ABC 服务成本法所得出的最初亏损额可以看作是为了取得新客户所进行投资的一部分，可望通过以后年代的较高业务量和利润率收回。因此，企业不能放弃这些客户，相反应该跟踪他们，以确保其在以后期间里向着图中的左上方移动。

(2)其他一些非赢利客户可能会给企业带来一些无法用 ABC 服务成本法量化的收益，例如该客户能够使企业享有很高的声望，从而使企业可以从其他客户那里赢利。最初亏损额可以被解释为企业广告或宣传费用的一部分，是形成企业商誉的代价。此时，企业应对这些亏损进行监控和管理，力图找到能够将与著名客户间的不赢利关系转变为可赢利关系的方法，从而以负的成本取得商誉。

(3)还有一些客户可以带给企业另一种难以量化的收益——学习机会。例如像丰田、尼桑和本田这样的日本企业对其供应商的质量、交货时间和灵活性的要求非常严格，供应商为了满足其近于苛刻的要求所发生的完全成本会使这些客户成为非赢利客户，甚至亏损。但与这样的客户合作能够提供一个学习新的管理方法和新技术的机会，能够使企业在不额外发生成本的情况下满足客户的需求。这时，最初的亏损额可以被看作是教育成本，企业学到的新的制造和供应工序可以用于将来的所有客户。

(4)如果企业采用所有方法都无法将一个非赢利客户转化为可赢利客户，那么可以考虑放弃该客户。或者可以通过拒绝向其提供折扣、减少或消除市场和技术支持，而使该客户自动离开。

(二)供应商成本控制

在传统会计中，与供应商的关系一直被认为是一种直接的对抗关系，采购价格要争取达到最低。在这种观点下，企业各部门还为材料价格和耗用量设立了标准，采购人员的业绩通过进价差异来衡量。当实际购价高于价格标准时，该差异是不利差异；当实际购价低于价格标准时，该差异是有利差异。于是采购人员通过各种方式寻找低价的进货渠道。结果往往是购价可能降低了，但却会致使组织在执行采购以外的其他作业时发生高额的成本，例如由于未发现的购进材料的缺陷而导致的废品和返工，由于延期交货而引起的生产延误，加速处理材料以避免由于材料到达时间推迟而引起的停工。

按照价值链中供应商和核心企业的关系，作业应该能够实现整个价值链的增值。所以,在价值链管理中选择供应商不能仅仅考察低价格,价值链会计对采购人员的评估也不能仅仅通过他们避免不利进价差异的能力来衡量。最好的供应商应以最低的总成本交货,而不是价格最低。购买价格不是材料取得总成本的唯一要素。材料取得总成本有时也被称为所有权取得总成本,包括购买价格以及所有与购置相关作业的成本,这些作业包括:①接收材料;②检验材料;③退还材料;④移送材料;⑤存储材料;⑥处理过期材料;⑦材料缺陷导致的返工;⑧订购原材料;⑨为避免延期交货引起的停工而加速处理材料;⑩设计、策划并确定材料的规格;⑪支付材料货款等。

企业要以总成本较低而非购价较低来对供应商进行选择和评估,依靠传统的成本系统最多只能提供供应商的购买净价信息,只有作业成本系统才能使企业了解与每个供应商合作的总成本,包括订货成本、接收成本、检验成本、加速处理成本、存储成本和其他与购置相关的作业成本。从一个"理想的供应商"处购货,可能购价会稍高一点,但不会再发生其他的购买成本。相反,一个低价格的供应商,所有与"理想的供应商"相关的要求该供应商都无法满足,在其购买项目中可能会发生许多其他的成本。

在选择和确定供应商后,还会发生一些供应商持续成本,这是一些与特定供应者相关的成本,与订购货物的数量和种类无关。这些成本包括供应商与企业间的产品计划、交货要求和生产计划而正在进行的谈判所发生的费用;整理、维持关于供应商的身份、特征和业绩表现等有关档案所发生的费用;对供应商业绩表现进行定期评估所发生的费用。通过这些成本信息,企业可以巩固其供应商基础,与较少的供应商进行更有效的合作。

二、采用 ERP 系统进行实时控制

目前既有的会计信息采集渠道已不能及时提供信息和满足信息使用者的个性化需求,采用 ERP 或类似的现代化程度较高的管理信息系统已是大势所趋。ERP 这一类系统的最大特点是财务与业务的集成,并充分利用信息技术的优势,实现企业内部信息采集、汇总、处理、呈报及提供。及时提供会计信息能克服在原有的时空条件下提供会计信息的不少弊端,比如会计信息滞后处理产生的弄虚作假行为。

该系统吸收并内嵌了国际先进企业的财务管理实践。其财务系统不仅在内部的各模块充分集成,与供应链和生产制造等系统也达到了无缝集成,使企业各项经营业务的财务信息能及时准确地得到反馈,从而加强了对资金流的全局管理和控制;强调面向业务流程的财务信息的收集、分析和控制,使财务系统能支持重组后的业务流程,并对业务活动的成本进行控制;除了提供必需的财务报表外,还能提供多种具有管理性质的报表和查询功能,并提供了便于最终

用户使用的财务建模和分析模块，具备多币种会计处理能力，支持基于 Web 的财务信息处理，为支持企业发展电子商务和基于 Internet 的应用系统如销售订单处理等。

建立实时控制的基本思路是：首先，建立会计数据库，该数据库由分布在各地的企业内部会计人员通过企业内部网共同录入数据并进行维护。这样，可以按照不同信息使用者的需求生成不同信息。其次，根据不同的会计信息处理方法和流程建立模型库。该模型库实现模型的生成、组合、运算及模型的增、删、改。该模型主要有重新设立分类汇总模型、财务报告模型、财务分析模型、预测模型、决策模型等。采用事件驱动的原理，将模型库与源数据信息库相连接，在事件驱动的方式下，把信息使用者所需要的信息按其需求的不同划分为若干事件，为每一事件设计相应的过程程序模型，当决策者需要某种信息时，相应地驱动不同事件程序，便会得到相应的信息。这种信息处理方式使得会计业务流程和工作重心发生转移，会计人员的主要工作是加工经过标准编码的源数据信息，类似于会计流程中统一会计科目的标准编码加工。这种业务处理方式要求对会计业务流程作相应的重组。

第三节　事后考评方法

一、标杆法

（一）标杆法的定义

标杆法是指从企业个体的外部寻找绩优企业作为标准，评价本企业的产品、服务或工艺的质量，以便发现差距，并持续、系统地加以改进的方法。绩优企业是指那些在某一特定工艺或服务方面业绩更好的企业。

标杆法初始于美国施乐公司，后逐渐被其他公司仿效推广，其目的是为了克服传统业绩评价或非财务性指标业绩评价中制定评价标准较少考虑外部因素，主要采用内部标准而缺乏激励效用的缺陷。为了在当前日益激烈的竞争环境中提高本企业的竞争力和效率，业绩评价时选取外部评价标准其意义更显著。因此实施标杆法就是从企业外部寻找绩优企业作为一种可衡量的标杆，透过标杆，了解企业当前所处的地位，并与标杆作比较，了解本身与绩优企业的差距，进而分析其经营成功的经验，通过系统的、有组织的学习、改进，不断提高本企业产品、服务或工艺的质量，使本企业也获得成功。

标杆法是基于这样的假设：每个企业都可以从彼此的优秀实践中进行系统的学习，从而不断地提高本企业的经营业绩。一般来说，每个企业都会在某些工艺过程或职能活动方面有所欠缺，而在另一些方面表现出独特的优势。当企业的某些经营过程会影响到战略的实施时，就要抓紧时间进行改进，否则势必会影响到整个战略的实现，其中一个最有效、简单的方法就是向其他企业学习，借鉴其有关方面的成功经验。

(二)标杆形式

1. 内部标杆

内部标杆指从本集团企业内选取其他管理或兄弟企业作为优绩企业。该形式的优点是比较简单，标杆伙伴关系较容易建立；缺点是由于本集团企业以外的企业(包括竞争对手)可能业绩更好，因此它不能给企业提供最卓越者作为标杆，不利于企业实现可能的最好业绩。

2. 行业或竞争标杆

行业或竞争标杆是指与本行业的其他企业建立标杆伙伴关系。其优点是本企业与标杆伙伴具有相同的工艺过程，其处于统一市场，市场特征相同，因此，两者的经营业绩指标具有直接可比性；缺点是如果绩优企业为本企业的主要竞争对手，该实践会暴露彼此的某些商业秘密，所以这种标杆伙伴关系通常难以达成。

3. 工艺标杆

工艺标杆是指不受行业限制，跨行业、跨地区在世界范围内选取某一工艺或服务业绩最好的企业为绩优企业。交货及时率、产品废品率等指标是所有行业管理者共同关心的指标。

(三)标杆法实施的步骤

通常，标杆法的实施由以下几个步骤组成：

1. 确定标杆对象

标杆对象即是企业内需要改进的关键工艺或服务。这一步骤应结合企业的竞争战略，分析哪些是关系到竞争战略成败的关键因素，并选取评价它们的指标作为关键业绩指标，这些指标可能是有关成本的，或是围绕产品质量、顾客满意度、生产周转期等有关产品差异战略的指标。选取的是否是关键业绩指标作为标杆对象，是决定标杆法实施成败的一个主要因素。

2. 选取标杆伙伴企业

标杆伙伴企业的选取对象一般是某一特定领域业绩最好的企业。

3. 收集和分析数据

这一步骤的目的是进行调查研究，收集、分析标杆企业的业绩指标和成功经验，与本企业业绩相比较，找出薄弱环节，确定业绩差距。获取标杆数据的方法有二：一是直接获取，即成立观察小组到标杆伙伴企业去，直接观察其生产工艺和管理服务活动，而观察小组通常要包括来自基层的雇员，以利于他们将学到的经验直接运用到本企业的生产实践中去。二是间接获取，主要是从顾客、商业杂志、年报、企业出版物以及公开的学术研讨会获取。

4. 建立业绩目标

针对上一步骤的结果，结合本企业的具体情况，确定标杆对象预计实现的目标作为今后评价业绩的标准，并制定具体的改进计划来缩小业绩差距。

5. 实施计划

实施改进计划，并定期收集有关关键业绩指标的信息，分析评价其与业绩目标的差异，并采取必要的改善措施，促使企业最终实现业绩目标。

二、平衡记分卡法

在现代经济环境中，影响企业竞争战略成败的关键获胜因素有许多，其中有些是能用财务性指标衡量的，如产品成本、利润总额等；有些是非财务性因素，如产品质量、废品率等。价值链会计作为财务会计与管理会计的融合，其用于事后考评的业绩评价方法应结合有关财务性指标和非财务性指标，兼顾企业长、短期业绩考核，以助于企业竞争战略的实施。而传统会计的业绩评价由于局限于财务性指标的评价，有不少弊端，非财务性业绩指标评价虽然在一定程度上弥补了传统业绩评价的缺陷，但也存在诸如业绩指标的改善难以用货币价值衡量、缺乏一个系统的理论指标体系等问题。这里，引入一种近年来较为流行的业绩评价方法——平衡记分卡。由于它较好地结合了财务性和非财务性指标，将其作为价值链会计业绩评价方法较为理想。

（一）平衡记分卡的原理

平衡记分卡（综合记分卡）是美国著名管理会计学家卡普兰和复兴方案国际咨询企业总裁诺顿提出的具有划时代意义的业绩评价工具。卡普兰等人认为，企业要想能够获得长足发展，必须在以下四个方面有所作为：财务方面、顾客方面、内部经营过程方面、学习和成长方面。它们之间彼此紧密联系，所以在进行业绩评价时，应从这四个方面同时进行，避免只重视某一个或几个方面而忽视其他方面的情况，以保证评价体系的平衡，这便是平衡记分卡中平衡的含义所在。每个企业可以根据自己的实际情况和采取的战略出发，为每一方面设计适当的评价指标，赋予不同的权重，形成一套完整的业绩评价指标体系。要使平衡记分卡作为一种会计方法被有效运用，首先，应该将其制定得非常详细，以便雇员能够理解他们的行为如何有助于企业的成功。而且，雇员报酬也应该基于平衡记分卡。其次，平衡记分卡应该具有结果和过程指标。超前指标是那些指出未来竞争成功的指标，如：研发过程中的专利申请，或者生产及客户服务上的改进。相反，滞后指标主要是产出量指标，如生产效率、单位成本和利润。财务指标一般是滞后指标，而非财务指标则兼而有之。

（二）平衡记分卡的指标体系

表 8－1　　　　平衡记分卡评价指标示例表

四个评价角度	1. 财务	2. 顾客	3. 内部经营	4. 学习与成长
目标评价指标	* 收入增长与构成 * 成本降低与生产率改进 * 资产利用与投资	* 市场占有率 * 顾客的取得 * 顾客的维护 * 顾客满意度 * 顾客获利能力	* 创新能力 * 营运能力水平 * 售后服务水平	* 员工潜能的增加 * 信息系统能力的增加 * 激励、权责及目标一致性的增强

平衡记分卡没有通用的指标可供选择，具体设计时要充分考虑到企业的特点和战略。表 8－1 所示的平衡记分卡，从企业经营的四个角度分成几个不同的要素进行评价，每个要素再设计具体的业绩评价指标。

由表 8－1 可见：

1. 财务方面

对三个因素进行评价：①对于收益成长与组合的评价，可以采用各部门的销售成长率，来自新产品、新服务及新顾客的收益百分比，顾客与生产线的活力能力等指标；②对于成本减少和生产率改进的评价，可以采用全员劳动生产率、相对竞争者的成本水平、成本降低率和单位成本等指标；③对资产的使用，则采用投资占销售的百分比、研发费用占销售的百分比、营运资本比率、资产利用率以及投资回收期等指标加以评价。

2. 顾客方面

一般选取五个要素：①市场占有率是由顾客的数量、花费金额或售出的单位数量来反映企业在某既定的市场中的销售比例；②顾客的取得是以绝对或相对数来衡量某个企业吸引或赢得新顾客或企业的比例；③顾客的维护是以绝对或相对数来追踪某个企业与其客户持续保持既有关系的印象；④顾客满意度则从产品和服务的属性、与顾客的关系及企业的形象和信誉方面通过调查问卷的方式加以评价；⑤顾客获利能力是在扣除用以支援某客户的特定费用后，衡量某一客户或部门的净获利水平。

3. 内部营运方面

企业的经营可以分成三个过程要素：①创新过程主要指产品和服务的开发与设计，评价指标可采用新产品引入市场的时间等指标加以评价；②营运过程是指产品的生产和销售以及运送等，主要评价指标包括产量、销售量和及时发货次数等；③售后服务过程则包括企业所提供的一切与产品的维修、担保等有关的后续服务。评价指标包括顾客投诉次数等。

4. 学习与成长方面

主要评价的三个要素是:①员工的潜能增加;②信息系统能力的增加;③激励、权责及目标一致性的增强,评价指标包括员工满意度、员工生产力及员工留职率等。

平衡记分卡是全面的,因为它包含了所有有助企业成功的关键成功因素。正因为如此,它有助于管理者们关注企业的关键成功因素并减缓仅仅重视利润的短视行为。平衡记分卡也是具有前瞻性的,因为它包括很多非财务的关键成功因素,如质量和顾客服务指标,这些指标一旦实现,将增加企业的未来价值。

价值链会计方法的应用不仅仅局限于以上的介绍,其应用空间还有待于进一步的开发。现存的会计信息系统,不能完整反映企业各种经济活动对价值的贡献程度,不能揭示企业各种经济活动的相互联系以及与其他企业之间的差异所形成的竞争优势,不能提供企业组织结构改善对价值运动的影响程度的信息,也不能反映包括供应商、分销商和客户在内的整个价值系统的信息,更不能提供相应的管理控制工具。而这些正是价值链会计能够给我们指明改善的方向,同时也提供了价值链会计方法作为更新现存会计系统的手段。

第九章　价值链会计的应用

第一节　价值链会计应用的环境基础

价值链会计是一种新生的会计模式,有着许多传统财务会计所不能及的地方,但是将其作为企业会计业务处理模式正式地应用于企业实务当中,必须解决几个基础性问题:①合法性。企业会计模式的选择必须符合法规的规定,价值链会计的会计处理模式其合法性尚未得到确认。②操作规范性。一种会计模式应当遵循哪些原则,接受什么样的约束,需要用相应的会计制度来规范,这样才能实现操作的规范和在不同企业间的一致和可比。③组织模式与会计模式相互匹配。会计模式必须在一定的组织模式下应用,同时又为企业组织模式的不断改进提供依据。企业在应用价值链会计处理模式之前,执行的是一套与传统财务会计相匹配的组织模式,由于价值链会计在信息的提取、加工、存储和提供上遵循的是一种完全不同于传统财务会计的方式,因此,在相关会计制度的指导下合法地应用价值链会计处理模式对企业会计业务进行处理时,首先需要调整企业的组织模式,使其与价值链会计模式相匹配。从法规上确立价值链会计的地位,建立相应的会计制度规范价值链会计的操作,调整企业组织模式使其符合价值链会计的标准和要求,三者构成了价值链会计运行的环境基础。

一、相关会计法规、制度的完善

1.《会计法》的修正

《会计法》作为会计工作最高层次的规范,若将价值链会计模式纳入《会计法》,以法规的形式明确提出按价值链会计模式进行会计业务处理,提供企业价值增值信息的要求,无疑以法律形式确立了价值链会计的地位和作用,是将价值链会计理论付诸实施的最强有力的保障。

2.《企业会计准则》的修改和完善

《企业会计准则》是企业进行会计业务处理的指导和规范。价值链会计在业务处理上有着自身的特点,当前《企业会计准则》与传统财务会计相适应,因此利用《企业会计准则》对价值链会计业务处理进行指导需要做一些修改和完善。

(1)会计假设。以单个企业为会计主体,关注价值链联盟信息;定期提供分类、汇总的财务信息与通过互联网实时发布各种财务信息同时并存;改货币计量为价值计量,多种计量方式综合运用。

(2)会计要素。用投入、产出、增值取代成本费用、收入、利润;对无形资产的内容进行扩充,增加商誉、人力资源价值、联系价值和协同价值。

(3)会计确认和计量。以权责发生制结合现金流动制对各项要素内容进行确认;针对不同的内容采用适当的计量方式,不局限于货币计量。

(4)账务处理。会计要素的变更导致会计核算内容和流程的变化,需要会计准则加以规范和指导。

(5)会计报告。价值链会计强调会计信息的决策有用性,提供企业价值增值信息。因此,会计报告应由资产负债表、企业价值增值报表、现金流量表构成的会计报表和披露与决策有关的非财务信息的其他报表组成。

二、企业组织的变革

美国斯坦福大学的哈罗德·莱维特教授提出企业组织的"钻石模式",也称组织变革模式,如图9-1所示。

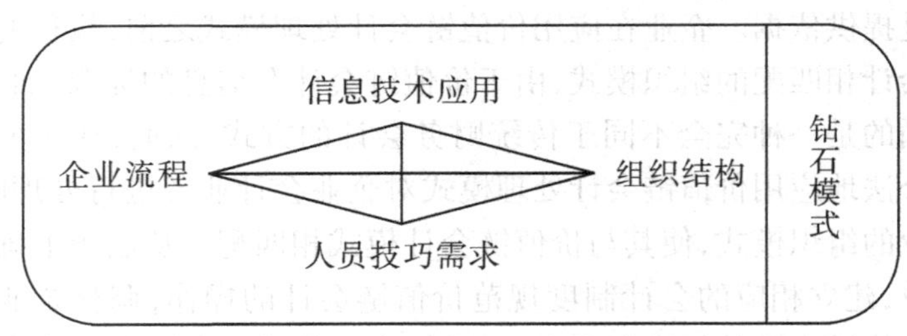

图9-1　组织变革模式——钻石模式图

哈罗德认为,企业流程、组织结构、信息技术应用和人员技巧需求四项是相互依存的整体,在进行组织变革时必须同时考虑才能取得较好的变革效果。

(一)业务流程的重组和优化

随着市场环境的变化,企业竞争的焦点已经不再是产品生产、制造、营销的具体环节与技术问题,而转移到企业组织结构、运作机制等流程性因素上。可持续的竞争优势将来自企业所独有的、以提高客户满意度为目标的流程变革管理上。流程已经成为企业管理的核心。业务流程重组和优化可以从以下几方面进行:

1. 识别企业的业务流程

企业流程指为实现某一目标(或完成某一任务)而进行的一系列逻辑相关

活动的有序集合。流程有层次之分，作业构成流程，一项复杂的作业本身就是一个流程。在识别企业流程时，应该抓住关键，首先识别企业最基本的、核心的业务流程，然后对流程进行分解，确定子流程，以此类推直到作业不能再分。

企业基本业务流程可以通过分析企业的资源优势来识别。企业资源优势不同，经营的侧重点也会不同。比如：知识结构完善、资源全面、综合能力强的制造企业，可实现营销、开发和生产等业务的一体化运作，基本业务流程如图9－2所示。

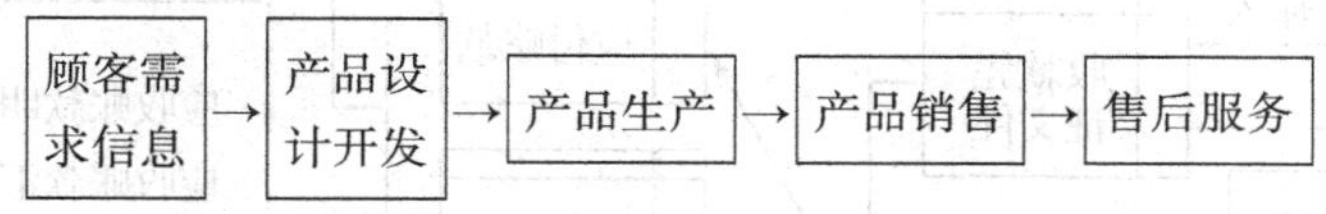

图9－2　综合能力强的制造企业基本业务流程图

对于研发能力不足的企业，可以将研发工作外包，其基本业务流程如图9－3所示。

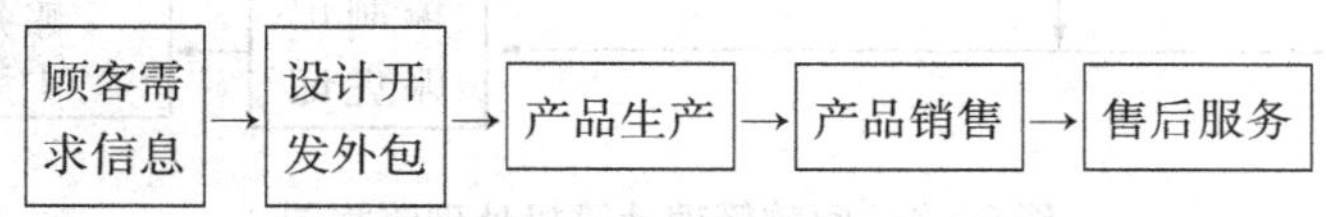

图9－3　研发资源不足的企业基本业务流程图

分析流程中每项作业的操作过程，识别各级子流程。企业基本业务流程用几个作业高度概括企业的业务活动，实现其中的每一个作业都要进行一系列有序活动，这些有序进行的活动构成企业次级流程。例如，销售可以细分为销售计划管理、销售渠道管理、客户管理、报价管理、合同管理、订单管理、库存管理、销售人员管理、回款管理等作业。回款管理在计算机操作环境下按图9－4的流程进行，构成企业的第三级流程。

2. 重组流程

改变企业基本业务流程是对企业流程的重组。重组通过分解和整合来实现。

（1）业务流程的分解。企业在大而全，小而全的价值链中，从自己的比较优势出发，放弃处于劣势的某些增值环节，选择若干优势环节培育并增强其竞争能力，即核心竞争力，重新建立起自己的竞争优势。①识别企业的核心竞争力。企业核心竞争力是建立在企业核心资源基础之上，企业所拥有的关键技能、隐性知识、智力资本以及文化理念，它规定了企业的本质和边界，是顾客价值和企业创新的源泉，并最终决定企业的竞争优势和经营绩效。其辨识标准是：一是可以广泛地被企业加以应用，为企业提供一条通向各种不同的广阔市场的潜在

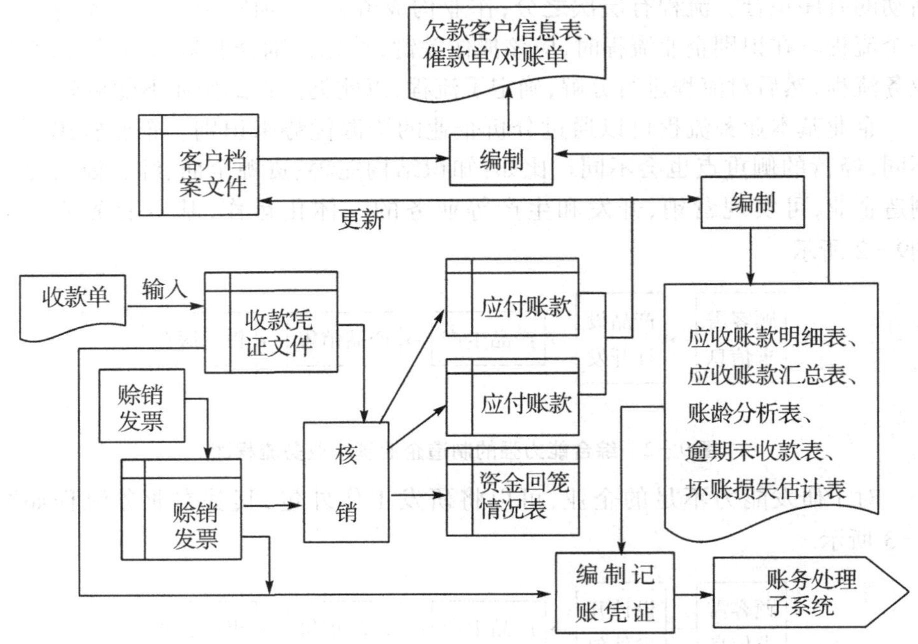

图 9-4　回款管理计算机处理流程图

途径；二是能够在增加顾客价值方面做出重大贡献，这些顾客通常意识到可以从企业的最终产品中受益；三是竞争对手难以迅速模仿。②业务外包。即将一些非核心的、次要的或辅助性的功能或业务外包给企业外部的专业服务机构，利用它们的专长和优势来提高企业的整体效率和竞争力，而自身仅专注于那些核心功能或业务。

（2）业务流程的整合。几家甚至多家企业在一个完整的价值链中，各自选取能发展的最大比较优势的环节，组成战略联盟，携手合作，共同完成价值链的全过程，从而最大限度地降低最终产品成本，实现更高的增值效益。①选择战略联盟合作伙伴。根据市场的需求和竞争的需要对拟合作的伙伴进行评估，评估程序如图 9-5 所示。②战略联盟。将联盟企业各自互补的资源和多元化的经济活动在整个联盟内进行新的组合和延伸，降低联盟企业间的交易成本，获取更多的潜在利润。

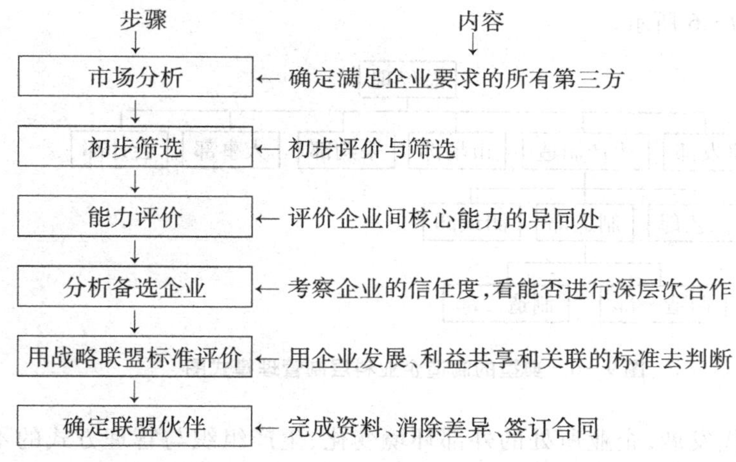

图 9－5 战略联盟合作伙伴的评价程序图

3. 优化作业

优化作业是指在企业竞争战略目标指导下,从顾客价值出发,对构成流程的各项作业进行分析、控制和优化,从而保证企业价值链管理目标的实现。

(1)运用作业价值链分析方法评估作业。作业价值链分析从企业战略成本管理的层面,研究作业发生成本与其价值活动的共生关系,强调作业间的密切联系;注重通过与其他竞争企业的对比,获得有价值的改进信息,改进作业。①对企业内部价值链进行分析,确认企业的价值活动有哪些,处于什么样的分布状态以及在整个行业价值链中的位置,并将价值活动所耗成本与其对产品价值的贡献进行比较,同时分析其对链中其他作业价值创造和成本发生行为的影响,确定其发生的合理性,进而决定对其是消除还是改进。②水平对比,获得有价值的改进信息。水平对比是以该领域中经营管理出色的企业作为标杆企业,通过学习标杆企业的报告等资料,到标杆企业参观以及聘请咨询公司,获取必要的信息。将获得的信息与公司的优化目标一起进行分析,明确优化重点。

(2)优化作业,跟踪实施效果。消除不合理的作业,改进效率低的作业。对新的作业实施效果定期评估,根据评估结果进一步优化。

(二)组织结构的调整

由于科层制管理的局限性,已不适应经济发展的要求,调整组织结构已成为一种必然(见图 9－6)。

1. 科层制管理及其局限性

科层制管理(Hierarchy Management),又称作层级式管理。起于亚当·斯密提出生产经济学的概念和专业化协作、劳动分工的经济效益理论,经过泰勒的科学管理、亨利·福特的大规模流水线生产、斯隆的"职能分工"管理逐渐形成。

其结构如图9－6所示。

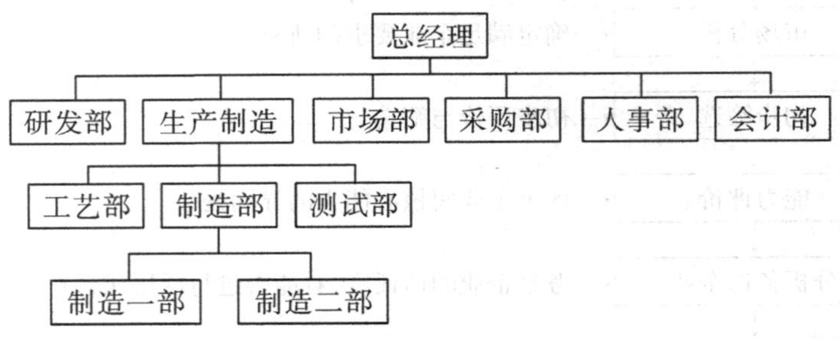

图9－6　典型的制造企业科层制管理模式图

随着时代发展，企业所处的外部环境变化、生产组织与管理方式的不同，“科层制”管理模式的弊端逐渐显现出来。

①多点接触，横向缺乏协调，形成管理真空，客户不满；②沟通渠道延长，无效环节多，沟通成本增加，导致时机延误；③管理层次重叠，冗员多，费用高；④责任上交，高层忙于签字，无暇思考战略发展；⑤“官本位”现象，中间层利益本位、利益分散，内耗大；⑥多数人向上发展时间长、空间小，缺乏学习与创新机制。

2. 基于流程的扁平化组织结构模式

根据“流程管理”的逻辑，以流程基础设计组织，使组织服务于流程。与“科层制管理”相配套的是“金字塔”的组织模式；开展“流程管理”，设计基于流程的扁平化组织结构模式与高增值流程相适应（见图9－7）。

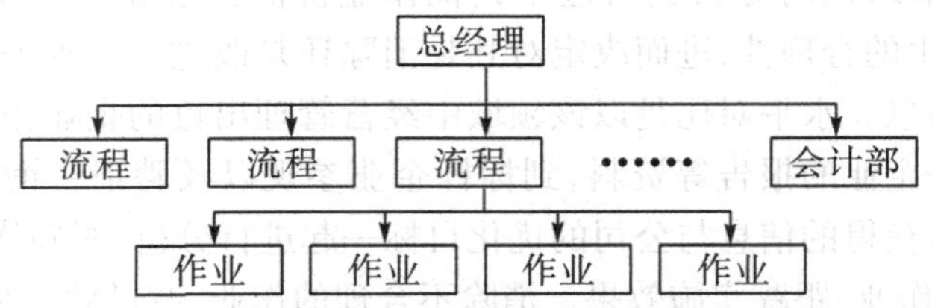

图9－7　基本流程的扁平化组织结构模式图

（1）设计思路。总体设计思路：以市场、顾客为中心，按业务流程设置结构。在流程划分时，以波特的五项基本活动作为企业基本业务流程的主干，并将四项辅助活动纳入到流程中去，拓展流程的范围。通过这种设计把基本业务流程建设成相对独立的部分，由流程主管负责。流程主管的职责是对本流程的设备、人员和各项业务活动，与其他流程进行协调管理，并接受总经理的领导和监督。

(2)基于流程的扁平化组织结构模式。将会计部单独设置为一个部门,与流程并列是由于虽然将各项辅助活动都划归流程管理,其中包括在流程中设置会计人员。但各个流程中的会计人员只是处理与本流程有关的会计业务,编制本流程的增值报表,而企业增值报表以及资产负债表和现金流量表的编制是对外呈报的有关企业价值增值情况、财务状况和现金流量情况的综合性报告,关系到所有的流程,需要站在企业的角度来编制。根据企业业务的需要,该模式还可以进行相应的变动。例如设立营销中心对所有产品进行营销的集团公司,可以增设营销中心与流程并列,管理企业产品对外营销业务,各流程则相应减少产品营销活动环节。

(3)基于流程的扁平化组织结构模式的优点。①对外单点接触,减少了横向协调的障碍,对客户的要求和需要通过流程传递,能及时得到满足;②沟通主要限于流程内,沟通环节少,降低了沟通成本,便于时机的把握;③管理层次精简,避免冗员现象,费用低;④工作责任主要集中于流程主管,将高层从各种签字中解脱出来,有更多的时间思考战略发展;⑤避免了中间层的"官本位"现象;⑥大多数人,特别是流程中的各类业务员专注的是业务水平的提高,而不是一味地寻求向更高职务发展。

(三)人文环境的培育

企业作为一个组织,其人文环境主要由组织员工和组织文化构成。

1. 为组织员工发挥其知识和技能创造条件

员工是组织的基本元素,是企业业务流程活动的承担者。员工具备一定的知识和技能并得到充分发挥,才能保证企业业务流程运行质量,为成功实施价值链会计奠定基础。企业可以从以下方面为员工知识和技能的充分发挥创造条件:

(1)转变思想观念。一方面,由于流程的重组和优化,必然会影响一些员工工作岗位的变动,这就要求员工要有不断学习的思想,以适应工作岗位的变动;另一方面,组织结构的改变,层级的减少,员工在职位上的提升机会也减少,因此,员工应更多地专注于专业技能的发展而不是职位的提升。

(2)调整工作方式。以流程的工作方式取代按部门组织员工的工作方式。基于流程的扁平化组织结构打破了原来部门间的界限,员工不再是服务于某个部门而是某个流程。在一个流程中集合了各类员工,员工面对的是如何很好地与不同专业人员协同工作,迅速地响应顾客的需求,保证业务流程的质量。

(3)坚持以人为本的管理理念。保障员工切身利益,建立信任关系和沟通渠道,赋予他们一定的工作权利和发展空间。①识别员工的知识与能力。员工的知识与能力是企业知识和能力平台的基础,是影响企业业务流程实际运行效率的重要因素。因此,企业在选择员工时不仅要重视学历和专业,更要考察员工的实际工作能力。②把握员工的行为特点。组织行动效率决定业务流程运行效率。组织行动效率主要取决于行动的一致性和时间的有效性。一致性取决于员工面对矛盾时的行为特点。当组织中出现不同意见甚至矛盾时,除了规章制度的约束外,还应建立基于道德、制度、纪律和交易的处理不同意见及矛盾的原则,提倡和培育平和协商的工作环境。时间有效性取决于员工行为的时间特点。流程能力标准之一是响应速度。响应速度主要取决于新产品开发时间和产品交货时间。由于活动的执行者是员工,所以实际的响应速度最终取决于员工的时间观念和行为时间特点。③关注员工的利益。一方面保障员工切身利益,提供合理的薪水、利润共享、股票等,从物质方面提高组织员工的生活质量。另一方面赋予员工一定的工作权利,发挥其主人翁意识,各司其职,灵活应对流程中的问题;通过提供后续学习和培训的机会,提高员工工作能力和发展空间,从精神上激励员工。

2. 培育组织文化

文化是群体共享并作为公理相传的价值观和思维方式,它对内整合组织成员,使他们产生组织认同感并知道如何沟通、相互合作、进行有效的工作,并且知道行为规范和各自的权利和地位;对外指导组织如何在外部环境的约束下实现目标。组织文化的培育可从价值观、利益结构、思维方式和沟通方式上进行。

(1)价值观。如彼得·杜拉克所指出的,高层经理是一种功能和责任,而不是一个等级和特权,新经济时期的企业高层领导应具有带来变革、创新和开拓的能力,要能成功地进行新愿景的构想和新价值观的建设。

(2)观念。观念决定人的态度和行为,观念创新是改善企业经营的一个重要方面。"杯子已经半满"和"杯子仍然半空"是对同一现象的描述,但其中却包含了极大的差异,将经理对杯子的看法由半满转变为半空意味着巨大的创新机会。

(3)思维方式。企业应树立以用户为中心的思想,以用户满意为基点重组和优化流程,以用户满意的标准作为评估流程质量的标准。

(4)信任与沟通。一个公司的高层主管对于已经发生的事情,有时很晚才知道,而老板通常最后才知道。这是上下级缺乏沟通的结果。在新的组织中,中间层大大减少,员工的意见和建议可以很快地反映给上级,甚至员工也可以不费周折地直接向高层反映情况,大大加强了上下级的沟通。同时,新的组织要求赋予员工更多的自主权,发挥自己的才智,灵活地处理工作中遇到的问题,这就要求上层管理者对员工的才智和能力给予充分的信任,而不是把他们仅仅当成听取指令然后机械操作的工具。

(四)以流程为核心的信息平台的建立

价值链会计的特点之一是建立在信息技术基础上的会计模式。只有将作业、流程、联盟企业信息共享才能实现价值链会计的和谐运转。

(1)信息孤岛集成。信息孤岛集成是在异构、分布式计算机环境中,使企业内各项作业、各个流程的各种不同类型的应用实现信息集成、功能集成和过程集成的软件系统。集成后可实现分布信息资源共享,信息流畅,提高决策效率,便于企业的集中管理,增强企业的市场竞争能力。

(2)建立以内部网为基础的办公平台。价值链会计以流程为基础决定了其成功运转不仅需要个人办公效率的提高,更重要的是实现群体的协同工作。协同工作意味着要进行信息的交流、工作的协调与合作。事实上,价值链价值增长来源之一便是协同价值。建立内部网,使企业内部人员方便快捷地共享信息,实现迅速、全方位的信息采集、信息处理,为企业的管理和决策提供科学的依据。

(3)建立基于 ERP 的企业资源平台。价值链会计强调企业"内部"价值链上所有功能活动的整合,并将整合的触角由企业内部拓展到企业的后端厂商和前端顾客,形成供应链管理和顾客关系管理,从中获得联系价值和协同价值,从而实现企业价值增值最大化的目标。

ERP 最早是作为一整套企业管理系统体系标准,由美国著名计算机技术咨询和评估集团(Garter Group Inc.)提出。其实质是在 MRP II 基础上进一步发展而成的面向供应链的管理思想。作为企业资源管理系统的 ERP 整合了企业管理理念、业务流程、基础数据、人力物力、计算机硬件和软件。它采用模块化的设计,由基本功能和扩展功能构成。基本功能有力地整合了企业"内部"价值链上的功能活动。扩展功能加强和改善企业与顾客、供应商关系,成为现代企业价值增值的突破点,是价值链会计中联系价值和协同价值的根源。

第二节　价值链会计的实现技术

一、应用信息技术,扩大会计分析视野,实现价值信息的收集、加工、存储、提供和利用

高速发展的计算机网络技术和电子商务促成了会计的分析视野从单一的核心企业向企业价值链联盟的扩展。企业可利用 Internet、Intranet 和相关网络财务软件,打破传统的时间和空间概念,有效地加快价值信息的交流和传输,与客户和供应商进行信息共享,协调生产,提高库存的可见性和物流作业效率,改善订单实现率,方便、快捷、高效地进行各种价值管理活动。

价值链会计靠信息技术实现。现阶段主要是实行 ERP。企业资源计划

(ERP)是一个物流、信息流和价值流高度集成的系统。系统实施后,企业的价值链结构转变为以财务为中心,以业务为主体的环状体系,也就是说在 ERP 系统中业务流与价值流是同步的,财务的记账处理已融入到具体的业务操作中,因此实施 ERP 就实现了面向业务流程的会计实时控制,从而有效地加强了价值链管理的职能。目前,越来越多的企业,尤其是大型集团企业,如联想、海尔、一汽大众、长虹、TCL、华为大规模实施 ERP,并取得可喜的成效。如联想过去需要一个月才能做出的集团财务报表,现在只需两天就可以实现;一汽大众原来测算的保本点可能需要达到生产 8 万辆汽车,现在利用先进的管理技术经重新测算成本构成后,通过积极开发一些盈利高的汽车产品,最后实际生产 3.5 万辆就可以实现保本。

ERP 主要解决了企业内部价值链问题,把企业内部价值链全部反映出来,但是 ERP 解决不了企业外部价值链问题,即不同企业会计信息的兼容问题。由于不同企业的管理方式、业务流程等千差万别,因此会计信息在输入、传输和对外报送上存在着极大的区别。会计信息上的差别不便于不同企业会计信息的比较和分析,不便于对全部企业整个价值链的分析。可行的办法是统一会计要素标准,即推行 XBRL。

可扩展企业报告语言(Extensible Business Reporting Language,XBRL)是一种专门用于企业财务报告编制和利用的计算机语言。按照 XBRL 国际组织的定义,XBRL 是企业网络财务报告编制、发布、数据交互和财务报表及其所含信息分析的一种标准方法。XBRL 是一种可免费取得的财务报告电子语言,它基于可扩展标识语言的结构,提供一种标准化的方法去编制发布公司财务信息。它通过对有关财务信息内容增加标记的方法,使企业内外部对财务信息的收集、处理、转换变得十分方便。使得会计信息在不同行业和地域的传递与共享成为可能。会计信息使用者不仅可以从互联网上获取原始信息,按需加工及处理信息,还可以将差异性的报告信息转变为统一标准的信息或者转变成自己想要的另一种信息。

二、应用信息技术,确立会计实时控制观,再造会计流程

会计实时控制是体现信息时代特征的一种新的控制观,它不仅仅是会计控制内涵和外延的扩充,而且也是对传统控制观的发展和创新。这种新的控制观是指在 IT 环境中,财会人员利用网络、数据库和会计软件等现代化技术手段和"三量"(时间量、实物量、货币量)信息,对企业经营活动的过程进行实时对比和实时分析。通过指导、调节、约束、促进等环节干预企业的经营业务,以实现提高经营效率和效益从而达到价值增值的终极目标。

确立实时控制观,充分利用 IT 将企业的会计流程、业务流程和管理流程有

机结合，并将流程嵌入信息技术环境，将财会人员嵌入经营活动过程，保证信息采集、加工的实时性、完整性和有用性，在会计实时控制方法、控制模式的配合下，充分发挥会计实时控制的力度和质量，确保价值增值目标的实现。

三、应用信息技术，动态、及时、多样地披露价值信息

充分考虑相关要求，应用网络技术，结合会计信息系统，设计内外结合能满足多种用途的全面反映历史信息、实时信息及未来预测信息的财务报告体系，实现价值信息披露多元化；改变原有的定期报告方式，随机产生实时报告，动态、及时地向利益相关者提供所需价值信息，充分利用多媒体技术、人工智能技术和数据库技术，丰富实时报告的形式和内容，实现信息披露的多样性。充分、合理地应用现代 IT，打破传统财务会计与管理会计的束缚，实现价值信息收集、加工、存储和提供工作的实时处理。财务部门将不再需要数量庞大的中、低层会计人员，众多的会计人员将从繁琐的记账、算账和报账工作中解脱出来，利用 IT 的实时功能，及时了解企业内部各部门的信息及其价值链上的供应商、客户的有关信息并做出相应决策，将工作重点放在更加富有挑战性的价值信息的分析、利用工作和价值链的控制和管理工作上。进而实现核算型会计向基于价值链的管理型会计转化，实现会计管理参与决策、实时控制和科学评价的功能。

第三节　基于价值链的会计流程重组

流程是为实现某一结果而有意执行的一系列连续的活动。Krizner 将流程定义为："一系列的活动，这些活动合在一起，产生对顾客有价值的结果。"而业务流程则是"一系列的业务活动"。至于会计业务流程"是为实现会计目标服务的，其与会计所依赖的技术手段一起成为会计目标的实现途径，会计业务流程重组以网络时代的会计目标为驱动力"，其目标在于降低会计成本、提高会计信息的相关性和及时性，或者认为会计业务流程就是会计信息处理流程。

一、传统会计业务流程的缺陷

所谓会计业务流程，简单地说就是会计信息处理流程。传统会计业务流程是建立在劳动分工理论下的一种顺序化业务流程，会计人员按照"填制凭证→登记账簿→编制会计报表"的顺序，使用会计科目和复式记账法这两个强大的会计工具把会计主体的资产、负债和所有者权益的财务度量结果分类汇总，使用标准格式和项目内容的会计报表将汇总的数据定期提交给信息使用者。通过分工，在一定程度提高了财务信息的处理效率，然而随着组织规模的不断扩

大，企业经营理念逐步向价值链管理转变，这种顺序化的、分散化的业务处理流程越来越暴露其不足。它的主要缺陷表现在：

（一）造成了部门隔阂和信息孤岛

由于受传统会计体系结构、思想和技术的制约，传统会计业务流程对某项经济业务并不采集全部数据而只是采集其中与会计主体直接相关且能用货币描述的资金流数据。结果导致同一经济业务相关数据被分别保存在财会人员和非财会人员手中，而财会人员手中的资金流数据还要经过记账凭证到总账的一次次过滤、汇总，大量管理信息被过滤掉，造成会计信息系统和其他系统数据不一致、信息隔阂和信息重复存储，影响了管理者得到的信息种类，不能多层次、多视角探究和分析企业的财务状况和经营成果。

（二）所提供信息的相关性不足

在传统会计业务流程中，会计存储的是已认定符合会计原则的历史的、静态的信息，而不包括其他备选方法或程序可能产生的信息和当前的、预期的或计划的信息。结果，依据传统业务流程只能产生单一的、确定的、可靠的、历史的会计信息。而在实际中，面对瞬息万变的资本市场，企业的各种决策都是应当面向未来而不是过去的决策，需要的不仅仅是事后信息，还应包括具有前瞻性和实时性的财务和非财务信息，这在客观上要求目前的会计要突破传统的流程，以提供更多的相关信息。

（三）难以适应会计实时控制的需要

会计实时控制是对传统控制观的发展和创新，它是指在信息技术环境中，利用网络数据库和会计软件等现代技术手段以及各种信息，对企业经营活动进行实时对比和实时分析，通过指导、约束和促进等环节干预企业的经营业务，实现提高经营效率和效益，达到企业价值最大化。而传统的会计业务流程显著的缺陷是财务账、财务报告是经过若干后台加工形成的，再传递给会计信息使用者，不是将经济业务发生时的会计数据直接传递给会计信息使用者。结果不仅使财务账、财务报告所反映的资金流信息往往滞后于物流信息，而且使会计信息失去了实时性。

二、价值链会计业务流程重组的现实意义

价值链管理理论认为企业内部及其外部价值活动是一个相互依存的有机系统，各个部门之间的流程应该相互协调。企业中的业务流程、会计流程和管理流程三类流程应该是相互联系、相互依存，而不是相互独立的。而传统会计核算模式使得财务流程远离业务流程，会计信息严重滞后，无法实现跨企业信息集成。因此，要构建基于价值链的会计信息系统必须借助企业业务流程的全面改造，实现业务流程和会计管理工作的整合，强化会计的实时控制功能，最终

实现资金流、物流、信息流的集成。

会计业务流程的重组是企业流程再造的一个重要部分,反过来,成功地进行会计业务重组也会对企业流程重组产生重要的影响,同时也对成功实施 ERP 起着决定的作用。

三、会计业务流程再造的主要原则

(一)面向企业的业务流程、核算作业,优化价值链

作业是构成业务流程的基本单元,是消耗资源、形成价值的根本所在。每个作业都具有专门的信息代码,并存储于信息数据库网络中。会计业务流程重组的主要内容就在于收集作业数据、运用作业成本法核算产品获利率、顾客获利率,评价供应商绩效、流程绩效,同时通过资源动因、作业动因的分析,加强对流程的管理,最终实现对价值链的优化、增强企业的竞争优势。

(二)结合企业的经济业务流程重组

经济业务是会计信息系统的信息源,经济业务流程重组必然会改变原有的业务数据传递路径,要求进行会计业务流程重组并与之相配合、实现会计与业务的一体化。另一方面,会计业务流程重组的目的之一就是不断地改进经济业务流程,优化流程结构、提高工作效率。只有依靠会计人员与业务人员的合作与努力,才能围绕经济业务流程进行全程控制,这也是建立技术支持网络的目的。

(三)将信息处理工作纳入产生这些信息的实际工作中去

在许多企业,会计被视为一项专业性、保密性很强的工作,业务部门必须将业务数据集中于会计部门处理。随着 IT 技术的运用和员工素质的提高,一部分常规性的信息处理工作可交由作业层的员工来完成。如企业的应付账款流程。在旧的流程中,验收部门虽然产生了到货信息,却无权处理,必须向会计部门提交验收报告。在新流程中,验收部门核查通过后,就可直接在终端上按键通知付款。这就对物流网络和信息数据库网络间的互相联系提出了更高的要求。

(四)整体最优原则

会计业务流程重组不是对原有流程的修修补补,不是追求单个环节或作业的优化,而是强调会计整体的最优。它要求从全局出发,甄别会计本身流程的增值与非增值作业,消除本位主义,理顺整个流程。

(五)成本效益原则

成本效益的权衡是流程重组所要考虑的经济因素。如作业的划分不是越细越好,一项作业也并非只包含一项任务,而是要考虑到管理的实际需要和所带来收益能否大于实施成本。

四、会计业务流程重组措施

会计业务流程重组就是应用流程再造的基本原理，对企业原有的会计机构与会计流程进行重新设计，形成一个能适应新的经济环境的会计信息系统。新的业务流程并不是要否认现有的会计业务流程，现有的会计业务流程将作为新业务流程的一个子系统，即落实经济责任方面的子系统，它是新流程中的一个重要组成部分。可以说，会计业务流程重组是一个扬弃的过程，在扬弃过程中又有重大的突破性进展。以制造企业为例，在构建企业会计信息系统时，首先分析产业价值链：原材料供应商→产品制造商→销售商，选择自己认为最好的合作伙伴，分析自己的信息需求，结合考虑合作伙伴管理信息系统的外部数据交换结构，规划自己信息系统的对外信息交换界面；接着分析企业内部价值链，确定能为企业产生价值或能为其提供必要支持的核心流程，优化核心流程的主要环节：接受订单→产品研究、设计→生产制造→营销→分销→售后服务，分析每一环节所需信息及环节间的相互信息传递，建立信息分系统模型；然后分析会计信息系统所需信息及与其他分系统之间的信息交流，选择合适的信息技术实现信息模型；最后进行整合，完成会计信息系统的构建。建立在新的会计信息系统基础上的会计业务流程打通了向企业外部合作伙伴和向企业内部核心流程的信息交流渠道，抓住了企业内、外部信息需求内容和对象的重点，为实现财务与业务的协同化奠定了坚实的基础。

（一）价值信息收集的方式

针对传统会计业务流程信息提供不及时、数据的重复录入、信息共享度低等问题，可以充分发挥信息技术的优势，采用系统收集的方式进行会计数据的收集。其主要原理是建立企业局域网，运用网络技术将会计信息系统和企业其他管理子系统集成起来，当业务事件发生时，业务部门将原始数据按统一规定的业务编码录入，并存储于信息数据库中。会计部门需要数据时直接从信息数据库中调用数据进行加工。利用技术支持网络实现会计数据的系统收集，不仅可大大减轻会计人员的劳动强度，而且使会计数据收集在范围、数量和效率上都有很大提高，保证了财务监控的深度和力度，会计部门可以实时监控业务，并可以监控到多种原始业务单据，保证账实相符。这主要由价值链会计信息系统的信息数据库网络来完成，在价值链分析的基础上清除不必要的非增值作业，对简化后的流程进行整合，使其流畅、连贯和高效。

（二）建立事件驱动型的会计信息系统

针对传统会计业务流程只对经济活动的结果进行反映，看不到每项经济活动发生、执行与完成的全过程，并且存在单一化信息披露模式的弊病，可以采用事件驱动型会计信息系统。事件驱动会计信息系统的业务流程是：当业务事件发生时，根据数据处理规则将业务事件数据存入业务事业数据库，业务事件数据库中的数据为只经过初步加工的源数据，当信息使用者想从系统中获取信息时，由信息使用者输入信息处理代码，系统启动相应的信息处理程序，对业务数据库中的信息进行加工处理，并将处理结果实时反馈给信息使用者。显然，事件驱动的会计信息系统可以更好地满足信息使用者的不同需要，为企业创造更大的价值。这方面的流程重组主要由价值链会计信息不同的物流网络来完成。将原本属于不同部门的工作职责进行合并，赋权一个责任单位或责任人完成一系列简单任务，而不是将这些任务分别交给几个人，这样可以大大加快组织中的物流和信息流速度，实现资源的优化配置。

（三）会计业务流程优化设计

新的会计业务流程主要是运用以上提到的会计数据系统收集方式和事件驱动技术对原有的顺序化的会计业务流程进行重组。当业务事件一经发生，其信息数据便由各业务部门的信息数据库子系统加以收集，并按一定编码将业务事件数据通过企业的网络传递到信息数据库中保存。当会计信息使用者需要某项会计信息时，则通过事件驱动会计信息系统主动获得会计信息。流程优化最重要的特点首先是互动性，实现用户对信息的定制。其次是集成性，企业通过网络将各信息系统集成，使得原始数据收集分散化，而数据处理和存储集中化，从而实现了财务和业务的协同。通过流程优化，可以大大降低各部门之间的协调成本，避免工作连接点出错，明确各单位的责任区域，杜绝企业内部相互推诿、扯皮现象的发生。这主要由价值链会计信息系统中技术支持网络来实现。

五、会计业务流程重组方法

（1）观念创新。在会计业务流程重组中应该用价值链管理理论进行观念创新，即提倡协同运作的观念。从企业外部来看，要构建以核心企业为主体的价值链，通过信息流，协调上游企业、下游企业和核心企业的商务管理，实现整个价值链的增值。从企业内部来看，要优化业务和财务部门之间的流程，构建财务业务流程，通过信息流协调业务与财务的协同运作，实现企业内部价值链的增值。

（2）建立业务事件驱动结构体系。可以利用信息技术，建立基于业务事件驱动结构体系的价值链会计信息系统，通过互联网实现信息共享。主要业务流程是：当业务事件发生时，其业务事件信息由各业务部门的管理信息子系统加以收集，并按一定编码将原始数据通过企业的 Internet 网络传递集成到全局共享业务事件数据库中保存，而不是听任数据分散、重复存储于多个低耦合系统中。数据库不只记录符合会计事项定义的业务事件，而且记录管理者重要计划、控制和评价的所有业务事件,并且存储业务活动中多方面的细节信息。例如企业内部管理人员利用管理会计信息处理平台,分析得出的诸如机会和风险等前瞻性信息,诸如行业竞争状况、管理当局的计划、经营策略等广泛的非财务信息也可通过企业的 Internet 传递到事项数据库保存。同时利用模块化会计处理程序库,按照会计准则、会计制度、会计程序和会计方法加工处理生成会计信息,并将处理结果实时反馈给信息使用者,实现业务和会计的协同化处理与实时控制。当信息使用者想从系统中获取信息时,便可输入信息处理代码,通过内部和外部互联网进入企业的信息数据库,获取所需要的信息,实现会计信息系统与信息使用者之间的交流,如图 9-8 所示。

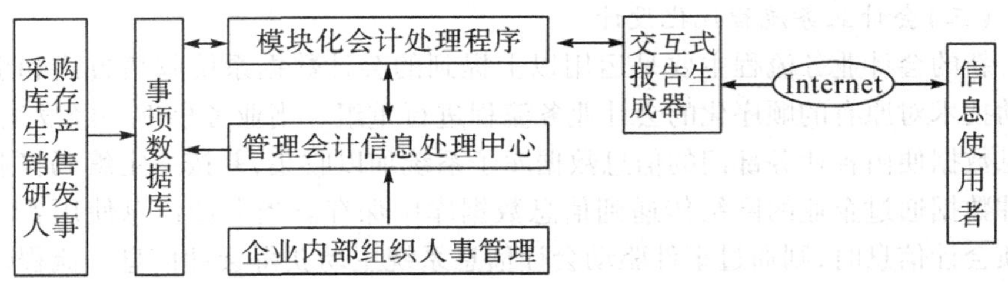

图 9-8　事件驱动的会计系统图

(3)删除流程中不合理、不产生增值的环节。如过多的控制、检查环节、等待时间、重复操作、重复存储、文件传递等。

(4)进行成本动因分析,剔除非增值性作业。将非增值性的步骤从流程中剔除或尽可能压缩。这里所指的非增值性步骤是针对能否满足企业价值管理或是否有助于改进整个流程的运作效率而言的。流程的简化又分为三种:成本导向、时间导向和再造性流程简化。成本导向流程简化就是以流程的成本分析为手段、以成本降低为目的的简化;而第二种则是在于缩短业务的会计处理时间;最后一种则是大幅度地改进、根本性的再设计。

(5)重新整合业务流程。将被人为分割的杂乱的、由多个人员分别负责的任务重新连接起来,由一个或多个人员共同负责任务的全程管理。

(6)业务流程再造。重新定义业务处理规则,彻底改变以往的流程的处理内容和环节。如福特公司对其应付款部门进行重建,大胆挑战传统原则,以收到货物而不是收到发票作为付款的时点,从而减少了间接费用和管理费用。

第四节 价值链会计的应用问题

一、价值链会计在应用中存在的问题

价值链会计作为一个全新的理论性构思,其研究还刚刚开始,既没有实际的验证,也没有成熟的理论,从而在实践中碰到了许多难题:

(一)理论难题——价值创造和分配的难题

价值链会计理论超越了传统会计的领域,在会计作用对象的研究上,是以企业自己为核心,向前延伸有一个很强的供应链体系,向后延伸有一个强大的客户管理体系。而价值链管理的目标是在实现价值链联盟价值最大化的同时实现核心企业价值最大化,这必然引发价值的创造与分配的难题,这也是决定价值链会计理论需要继续研究的一个前提条件。

价值创造与分配既有区别又有联系。其区别是两者不是一一对应的关系,价值的分配并非一定要寻求价值创造的逻辑结论。价值分配不取决于价值创造而是取决于生产关系。然而,两者之间也具有一定的联系,即价值的创造者理应是价值的享受者。所以,进行价值创造的劳动者必然应该与物质生产要素参与收益分配。目前的情况是,人力资本尚未完全进入权益范畴,但价值分配理论要求其应该进入权益范畴参与剩余价值的分配。现实社会以及价值链会计理论中都没有很好地解决价值创造与分配问题。

(二)实践难题

1. 安全性

价值链会计是依托信息技术,建立在互联网上的会计信息系统,它的风险性较大。主要表现在:系统故障造成的风险、企业外部人员的恶意破坏造成的风险等,所以它的安全性问题是一个比较突出和重要的实践难题。同时由于价值链会计倡导的集成思想,需要整条价值链上的所有相关者提供价值信息,这又引发了我国甚至世界各国都普通关注会计诚信的安全性问题。要解决这个难题,一方面需要借助内部的操作系统控制、会计数据资源控制、应用控制和外部周围的控制、远程控制等解决网络的安全性问题;另一方面,需要营造一个诚信的社会环境,使价值链条的各方建立公平、公正、共赢的合作关系。

2. 员工素质

开展价值链会计对员工素质的要求比较高,一方面,它要求即使是普通员工也要能够熟练操作计算机和使用相应软件,并掌握必要的网络知识,而各专业部门的人员更要能够具有专业知识和协作精神,以应对大量而复杂的信息并能及时、准确地作出判断。网络化的组织结构形式也要求员工掌握一定的管理

知识,以承担相应的工作协调。另一方面还必须要有一批既具有丰富的IT背景知识,并了解会计信息系统的原理、方法、熟悉会计原理的专业人才。这种复合型人才目前是相当缺乏的。

3. 企业内部条件

价值链会计的实施是一个变革性的过程,企业内部需要具备相应的条件。一方面,它的实施需要时间、努力和耐心,需要大量的资源投入,因而管理者要克服管理惰性的障碍、坚定信念,在人力、物力、时间上给予支持;另一方面,良好的管理模式需要适合的组织结构相匹配,企业要以优化流程为核心,进行组织结构的整合,重构作业链。

我国目前的情况是:供、产、销系统没有形成一条"价值链",三大系统基本上处于各自为政、相互脱节的状态;部门主义严重,造成了企业的物流和信息流的扭曲和变形以及资金和人力资源的浪费;信息管理相当落后,没有充分利用信息技术手段,致使信息不全、不准确、信息传递不及时、信息管理不集中。从而企业要通过流程、组织再造、信息集成规范制度来改变这种状况,使"珍珠项链"般的价值链更加光彩夺目,为实施价值链会计创造良好的内部条件。

4. 社会条件

价值链会计的实施必须有待于信息技术的普及、完善。只有网络技术较为广泛地成为社会组织形式时,才能真正实现企业间的高效率合作,才能及时地传递和交流价值信息。中国信息技术基础设施的建设还比较薄弱,现只是初具规模。但国家正在加大这方面的力度,把信息技术广泛地引入到企业建设、企业管理之中已经是大势所趋,企业的数据化建设必将为价值链会计系统的实施创造一个低成本、高效率、安全坚实的宏观平台。

二、价值链会计应用中应注意的问题

(一)由原来仅重视事后核算转向事前、事中和事后全方位、全过程的管理

企业财会人员应当适应形势变化的要求和会计工作发展,改变过去只重核算、忽视管理的做法,以应用信息技术开展会计实时控制为核心,全方位强化会计的事前预算管理、事中实时控制和事后考评管理。

(二)处理信息与利用信息处理管理相结合

价值链会计管理的直接对象是价值链信息,但最为重要的是价值链信息背后所体现的经济关系。财务人员应根据管理和决策的需要来处理信息,处理信息是为了更好地利用信息来处理好各种经济关系,实施对价值链的控制和管理,以保证价值链能够合规高效、有序地运转,从而为企业创造最大化的价值增值。其中尤其重要的是处理好资金信息以利用这些有效信息管理好企业,处理好投资者以及企业与债权人的关系,做好筹资与投资管理和决策,以加强企业

财务管理工作,提高企业资金的使用效率。

（三）内部价值链管理与外部价值链管理相结合

当前形势下,一方盈利别人亏的局面已经很少存在,企业更应追求的是整个价值链联盟的共赢,也只有建立在共赢的基础上的企业其竞争优势才可以长久、稳定地保持。

因此,在价值链会计应用过程中,应当很好地做到内部价值链管理与外部价值链管理的结合。在企业会计与管理工作中充分利用自身的地位与权限,协调各方关系,积极引入供应链管理、客户关系管理等成熟的信息系统,建立充分的信息共享平台,做好产业选择、价值链联盟选择及特定业务“自制”或“外包”的决策。通过在联盟内部进行相关交易从而降低交易费用,减少成本,实现价值链联盟内各环节企业的信息与资源共享,进而实现产品或服务的适时生产、配送,最快地完成资金循环,实现企业价值增值最大化。

（四）投入、营运和产出三个层面相结合进行业绩考评管理

价值链会计要如实反映企业实际财务状况,向管理部门提供客观有效的信息,以促使企业各部门加强价值管理工作,提高运营效率,增强企业的增值能力,沿着价值链从投入、营运和产出三个层面加强企业的业绩评价管理,全面跟踪反映从投入到产出、周而复始、循环反复的价值链运营情况及其效率和效果,使得价值增值最大化的理念有始有终贯穿于企业自我考评、自我管理的全过程以及企业为扩展业务所作出的新的投资决策中。同时,积极引入市场占有率等非财务指标,构建一个财务指标与非财务指标兼容、投入与营运和产出并重、过程指标与结果指标相互补充、科学合理的动态企业业绩考评体系,同时与企业激励制度相配套,充分调动企业员工的劳动积极性。

在价值链会计应用过程中,应当防止行为短期化倾向,在抓好当前各项价值链管理工作的同时,还应注重企业未来价值增值能力的培养。应认真做好企业研发项目投资决策、员工培训(尤其是会计人员的再教育工作)等,旨在提升企业未来价值增值能力的各项工作,为企业长久稳定发展并维持竞争优势打下坚实的基础。

第十章 价值链会计的成本管理

第一节 价值链会计的切入点：成本管理

企业的一切管理活动都要服从于企业的战略选择，适应竞争战略的需要。成本管理当然也不例外。三种基本竞争战略“成本领先、差异化、目标集聚”中，成本领先是三种战略中最清楚明了的。在这种战略的指导下，企业的目标就是要成为其产业中的低成本生产厂商。成本对于差异化战略也极为重要，因为差异化的企业必须保持与其竞争者近似的成本，否则因其差异化而取得的溢价就会被增加的成本所抵消。一个差异化的厂商必须不断探索能导致价格溢价大于为差异化而追加的成本的差异化经营方式。目标集聚战略有两种变形，即成本集聚和差异化集聚。集聚战略与其他战略相比最大的不同在于：成本领先和差异化战略在多个产业细分的广阔范围内寻求竞争优势，而集聚战略在一个狭窄的单个细分中寻求成本优势（成本集聚）或差异化（歧异集聚）。这里主要研究成本领先战略下的战略性成本分析框架。

一、价值链与成本分析

成本的重要性早已为人们所认识，许多战略计划都把建立“成本领先”或“成本削减”作为目标。然而，成本研究往往只集中于生产成本，而忽视其他企业活动，如市场营销、服务和基础设施等对相对成本地位的影响。而且，对各项单个活动的成本都是按顺序进行分析的，无视各项活动之间的联系，而这些联系往往对成本有重大影响。另外，企业在评估竞争者成本地位时困难重重，但这又是评估企业相对成本地位中必不可少的一步。企业常常只能借助工资率和原材料成本的简单对比来说明问题。

造成这些问题的根本原因是，大多数企业缺乏进行成本分析的系统框架。大多数成本研究都着眼于细枝末节，目光短浅，忽略了成本行为的许多重要驱动因素并混淆了它们之间的重要关系。成本分析在很大程度上也倾向于依赖于现行的会计制度。虽然传统的会计制度确实拥有对成本分析有用的数据，但它们常常阻碍了战略性成本的分析。值得关注的是，价值链为成本分析提供了基本的工具。企业的成本行为及其相对成本地位产生于企业在一个产业里竞争时所从事的价值活动。因此,有意义的成本分析是考察企业这些活动中的成本。形成了成本行为的分析、相对成本地位的决定因素和企业能够取得持久成本优势或使成本劣势最小化的一个框架:

(一)确定成本分析的价值链

成本分析的起点是确定企业的价值链,并把营业成本和资产分配到各种价值活动中去。价值链里的价值活动包括营业成本、固定和流动资本形式的资产。将资产分配到价值活动中去,才能反映出一项活动的资产数量和资产利用效率对该活动成本的重要性。一个业务单元和其他单元共同进行的任何活动都应被当作一种单独的价值活动来看待,因为其他业务单元的情况会影响它的成本行为。这个逻辑也同样适用于任何与其他活动有着重要联系的活动。在实践中,人们并不一定在开始着手分析时就知道成本行为的驱动因素,因此对价值活动的鉴别往往需要多次反复。分离价值活动的最终检验是竞争者的行为。当竞争对手以不同方式进行重要活动时就应将其区别对待。竞争者之间的差异增大了一项活动成为相对成本优势或劣势来源的可能性。

(二)分摊成本和资产

企业在识别其价值链后,必须把营业成本和资产分摊到各种价值活动中去。营业成本应分摊到它们发生的活动中去;资产应分摊到使用、控制它们或对其使用影响最大的活动中去。这样,就使得成本与价值活动相匹配而不是与传统的会计分类相一致,在间接费用和外购投入方面尤其如此。需要注意的是,分摊成本和资产不要求对外报告目的所需要的精确程度,预测和估计常常就足以说明战略成本问题,并可以将其分摊到价值活动中去,而要得出精确的成本数据则需要高昂的费用。随着分析的深入并且某些价值活动已表明对于成本优势的重要性,此时则可以在精度上多下工夫。企业可能会发现竞争对手用不同的方式分摊成本和资产,竞争对手衡量其成本的方式是很重要的,因为这会影响它们的行为。竞争者进行成本分析的任务之一就是试图判定竞争对手成本计算的实际方法。

(三)成本分布分析

通过成本和资产的分摊,会产生一个反映成本分布的价值链,可以把每项价值活动的成本分列为三类:外购经营投入、人力资源成本和间接活动成本作为一大类别的资产。比较各价值活动的成本分布,就可能发现可以改善成本的地方。例如,外购经营投入所占的成本比例常常会比人们普遍感知的要大,因为价值链里所有外购投入很少累计计算。把直接、间接和质量保证活动这三大类价值活动每一类的成本累计起来,也可能提供一些新的视角。在传统的会计工作中,间接活动的成本通常被归类于“间接费用”和“管理费用”,人们都倾向于把注意力集中在直接成本上,而对悄然增长的间接成本视而不见,从而忽视了间接活动的成本及其对经营差异化的贡献。

二、判定成本驱动因素

成本驱动因素是指造成成本发生变动的原因。作业影响成本,动因影响作业,因此成本驱动因素是引起成本发生的根本原因。成本驱动因素可分为两个层次:一是微观层次上的与企业具体生产作业相关的成本动因,即作业性成本动因,如物耗、作业量等;二是战略层次上的成本动因,即战略性成本动因,如规模、联系等。战略性成本动因对成本的影响比重比较大,可塑性也大,从战略成本动因来考虑成本管理,可以控制住企业日常经营中大量潜在的成本问题。战略性成本动因分析超出了传统成本分析的狭隘范围(企业内部、责任中心)和少量因素(产量、产品制造成本要素),而代之以更宽广、与战略相结合的方式来分析成本。

这里主要讨论的是战略性成本分析,因此所涉及的成本驱动因素是指战略性成本动因。波特认为,十种主要成本驱动因素决定了价值活动的成本行为,它们是:规模经济、学习、生产能力利用模式、联系、相互关系、整合、时机选择、自主政策、地理位置和机构因素。成本驱动因素是一项活动成本的结构性原因,或多或少能够置于企业控制之下。驱动因素常常相互作用以决定一种特定活动的成本行为,成本驱动因素在不同价值活动中的相对影响会大相径庭。因此,没有一种成本驱动因素会成为企业成本地位的唯一决定因素。波特在《竞争优势》一书中对每种成本驱动因素都有详细的说明。这里仅以联系和整合为例进行分析,因为这两种驱动因素最容易被传统的成本分析所忽视。在此主要从成本的角度来探讨:

(一)联系

一项价值活动的成本常常受到其他活动实施情况的影响。其联系有两大类:价值链内部联系和与供应商和销售渠道价值链之间的纵向联系。这些联系意味着仅仅考察一项活动本身是不能理解这项价值活动的成本行为的。联系为降低相互联系着的活动的总成本创造了机会。由于联系是微妙的,并需要对贯穿组织各部门的活动共同实行最优化和协调,因此它们又是成本优势潜在的强有力的来源。当价值链中的活动互相联系着时,改变其中一项活动的实施方式便可以降低其总成本。战略性地提高一项活动的成本不仅可能降低另一项活动的成本,而且也可能降低总成本。联系通过两个机制即协调和最优化带来成本削减的机会。

纵向联系反映企业活动与供应商和销售渠道的价值链之间的相互依存关系。识别这些联系需要对供应商和销售渠道的价值链有深刻的理解。在很多方面，供应商在其价值链内开展活动的方式能够提高或降低核心企业的成本。通过协调或联合最优化来管理供应商联系如同所有的联系一样能够降低总成本。相似的分析也适用于与销售渠道的联系。和供应商联系一样，销售渠道联系可能使企业及其销售渠道的成本降低。

然而，利用纵向联系可能要求供应商或销售渠道提高成本，以使核心企业的成本下降，实现共同价值链总成本的下降。这就涉及各独立企业之间的成本分担和利益分享问题。企业必须准备与供应商和销售渠道共享联系的成果以确保能够取得这种成果。

（二）整合和解除整合

一项价值活动的纵向整合的程度可能影响其成本。例如，企业如果自己拥有计算机和软件而不是承包给计算机服务部门，那么订单处理系统的成本就可能比较低，而外部后勤活动的成本也可能根据企业是否自己拥有货车队而有所区别。各种价值活动都采用或可能采用外购投入，于是就涉及整合的选择问题。整合可以以若干种方式降低成本，它可以避免利用市场的成本，如采购和运输费用等。整合可以使企业回避拥有较强讨价还价能力的供应商或买方；它也可以带来联合作业的经济性。然而，整合也可能因为丧失灵活性，将供应商可以更低成本进行的活动带入企业内部来做，与供应单位的关系成为一种束缚从而侵蚀追求效率的动力，或提高了退出壁垒，从而提高成本。因此，整合是提高、降低成本还是不影响成本，取决于特定价值活动和所涉及的外购投入。有时也会出现需要解除整合的迹象。企业必须评估整合相对于价值活动中每次重要外购投入所带来的潜在收益。反之，企业必须考察目前内部执行的职能以判定解除整合是否会降低活动的成本而不至于有损企业的战略。对整合和解除整合的分析不能只局限于主要投入，还应该研究辅助服务和其他辅助性职能。

三、确定竞争对手的相对成本

价值链是确定竞争对手成本的基本工具。确定竞争对手成本的第一步是识别竞争对手的价值链以及它们是怎样进行价值活动的。其过程和分析企业自己的价值链的过程是相同的。在实践中，由于企业没有竞争对手的直接信息，要评估竞争对手的成本通常极其困难。不过，从可取得的公开数据以及通过与买方、供应商和其他人的面谈，来直接估测竞争对手的某些价值活动的成本一般来说还是有可能的。例如，企业常常可以得到竞争对手所雇佣推销人员的人数以及他们工资酬金和费用支出限额的粗略数据。用这种方法，就能估算竞争对手部分价值活动的成本从而勾画出竞争对手成本的不完整的概貌。对于竞争对手的哪些成本无法直接估测出来的价值活动，企业可采用将自己和竞争对手进行比较的方法。也就是说,企业先通过确定竞争对手关于这些价值活动的成本驱动因素的相对地位,然后运用关于成本行为的知识来估测竞争对手成本的差异。例如,如果是当地市场份额驱动着后勤成本,而竞争对手又拥有较高的当地市场份额,竞争对手就有可能在那种价值活动中拥有成本优势。如果企业能估测出后勤成本的规模曲线,那么就可以根据市场份额的差异估测出企业劣势的程度。虽然竞争对手成本中或多或少地包含着估计和推测的成分,但这仍然是很有用的,因为企业可以把该差额的方向和对每种价值活动比例大小的认识结合起来,以建立或形成一个竞争对手相对成本地位的概貌。

企业还可以同时考察若干个竞争对手的成本行为,从而提高对竞争对手成本估测的精度。一个竞争对手所披露出来的信息可以和其他竞争者所透露的信息进行交叉核对,并用来检验某项特定价值活动的规模曲线或其他成本模型。事实上,分析一个企业的成本曲线和确定竞争对手的相对成本常常是一个反复进行的过程。

四、获取成本优势

企业获取成本优势有两种主要方法:企业可以在总成本中占有重大比例的价值活动的成本驱动因素方面获得优势,即控制成本驱动因素;也可以采用有所不同、效率更高的方式来设计、生产、分销或销售产品,即重构价值链。

第二节　构建基于价值链的成本管理

一、我国企业成本管理现状

(1)观念落后,视节约为降低成本的基本手段,看不到成本、效益的关系;忽视从广义、整体和战略的高度来探求影响成本的各个环节和各个方面。

(2)过分注重生产成本的控制,忽视其他环节的成本管理如产品设计、市场营销和售后服务。没有认识到企业内部各种活动是相互联系的,它们共同影响企业的产品成本和经营绩效。

(3)局限于单个企业,只着眼于公司内部的成本管理,只关注企业内部价值链的分析,以确定企业成本耗费的合理性。其分析的范围开始于材料的采购,结束于产品的销售,而且将重点放在产品制造环节。它实质上采用了"增加价值"这一观念,而不是竞争优势观念,没有或很少考虑与供应商和下游客户的战略合作关系,也没有充分考虑分析行业和竞争对手的价值链,更没有考虑到整个价值链成本。而这些方面对企业低成本的形成至关重要。

(4)传统成本管理模式将成本按职能项目划分,如直接材料、直接人工、间接制造费用等，在一定程度上导致成本分析结果的扭曲和失真。即使采用成本动因分析，也只重视有形的成本动因，忽视与企业战略密切相关的无形成本动因。据国外研究表明，后者对产品成本的影响要远大于前者。

针对以上成本管理存在的不足以及新经济时代的管理模式，笔者认为应该从观念上、制度上、方法上对传统的成本管理系统进行重整再造，从全新的视角——价值链思想来构建现代成本管理模式。

二、基于价值链的成本管理特点

基于价值链的成本管理就是对供应链中的所有成本进行分析和控制的方法和概念。相对于传统的成本管理，它无论在对象还是在内容上都有了延伸和扩展。

(1)从管理对象上看，成本管理不再局限于单个企业内部，而是跨越组织边界，将传统成本管理思想拓展到整个价值链，是一种跨企业的成本管理。随着价值链间的竞争逐渐替代企业间的竞争，成本优化潜力只能通过管理整个价值链成本来实现。因此跨企业的成本管理需要合作伙伴之间的协同合作才能实现，需要考虑供应商、客户、行业、竞争对手等，从各个方面来寻找降低成本的途径，达到整体价值链成本最优，在合作各方都能盈利的同时提高企业自身的战略地位，将成本管理提高到战略地位。

(2)从管理内容上看，跨企业的成本管理不仅要控制企业自身的制造成本，而且要考虑合作伙伴的关系成本、物流和服务成本等，要考虑从原材料供应商直到最终的产品消费者止，其间一系列作业活动的成本控制，是一个对投资立项、研究开发与设计、生产、销售、售后服务进行全方位监控的过程。根据价值链管理理论，在企业价值链上存在着一条与价值活动相对应的“成本链”(见图10－1)。这条“成本链”支持了价值链上各项活动的有效开展，成本成为价值链活动的综合消耗指标。成本管理就是要对价值链上的“成本链”进行管理，剔除不增值或低效益的活动，使得企业的相对地位优于竞争对手，以获取持久的竞争优势。

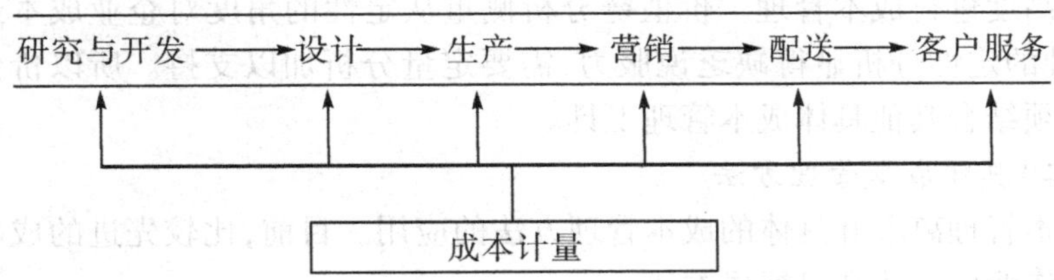

图10－1　价值链上的“成本链”图

三、基于价值链的成本管理方法的构建策略

新的成本管理方法的对象和内容决定了基于价值链的成本管理应该从战略层面对价值链整体成本进行宏观分析，同时也要对具体成本管理方法从战术层面对具体的成本活动进行管理，实现战略与战术的有机结合。

（一）基于价值链分析的战略层面

价值链分析来源于战略管理的方法体系，是一种战略性的分析工具。价值链分析是战略成本管理创造和提高企业竞争优势的基本途径。实现作业成本管理首先要进行价值链分析。

价值链分析可以从多方面揭示有关企业竞争力的成本信息。例如使企业发现竞争力产生的源泉，是哪些价值活动和成本因素导致了竞争力的产生，其得出的信息对制定战略以消除成本劣势和创造成本优势起着非常重要的作用。通过价值链分析可以使企业至少在以下方面发挥战略性的作用：

（1）可以使企业发现哪些作业是增值的哪些是不增值的，哪些应予消除，哪些应予优化，从而降低成本。

（2）了解竞争对手的成本情况、市场份额，使管理当局能借此评价其与竞争对手相比的成本态势，客观评价自己在竞争中的优势和劣势，从而制定取得竞争优势的竞争战略。

（3）可以帮助企业通过谈判，从供应商那里获得更有利的价格，降低采购成本；或者通过管理供应商与企业价值链之间的联系，消除不增值的作业，使双方达到“双赢”。如供货的及时，使双方都获得成本降低；通过管理企业价值链与购买商价值链之间的联系，来消除不增值作业，以寻找降低成本的“双赢”机会。

（4）可以确定如何将价值链向前向后整合，寻求降低成本的有效途径。

总之，价值链分析拓宽了企业成本管理的对象，它通过分析价值活动，分析内部活动间的联系；分析内部活动同供应商、销售渠道、用户的活动间的联系；分析所有的联系与竞争优势之间的关系；分析相对成本状况、分析差异性及差异的程度、分析获取竞争优势的竞争范围。从而将成本管理的视野拓宽并且站在战略高度进行成本管理。价值链分析侧重从定性的角度对企业成本进行管理，单独的定性分析显得缺乏说服力，需要定量分析加以支持。所以价值链分析法必须结合其他具体成本管理工具。

（二）具体成本管理方法

成本管理离不开具体的成本管理方法的应用。目前，比较先进的成本管理方法有作业成本法和目标成本法。

1. 作业成本法

作业成本法（Activity－Based Costing，ABC）是一种以作业为基础的成本核

算制度和成本管理系统。它是指将产品生产或提供服务所消耗的资源的成本按作业归集，再由作业按受益原则依据成本动因追溯至产品或服务，从而将间接成本和辅助资源更准确地分配到作业、生产过程、产品、服务及顾客中，以便较及时、准确、真实地计算出成本对象的真实成本。

作业成本法的主要优点在于它通过采用多种成本库，然后选择不同的成本动因对间接费用进行分配，克服了传统成本计算采用单一分配标准对产品成本的扭曲。而通过对作业这一中介的分析，可以发现什么引起作业，作业实施的效果怎样，这样可以从过程角度来加强对成本的管理，有利于企业全面分析在特定产品、顾客或服务上的成本，从而更好地用于决策。

2. 目标成本法

目标成本法是由日本丰田公司在20世纪60年代开发出来的，包含目标售价、目标利润和目标成本三种不同的价格与成本的概念。目标成本是目标售价减去目标利润的结果，即公式：目标成本＝目标售价－目标利润。目标成本法在吸收了客户满意度的理念基础上，以假想的产品市场价格为出发点，将客户需求转化为对所有相关流程的强制性竞争约束，以此来确保企业所生产的产品能够创造出利润。

(三)基于价值链的成本管理方法

价值链分析是基于战略角度来对企业整体进行宏观地分析和把握，是外向型的管理和定性的分析方法，是一般的原则；而作业成本法和目标成本法是具体的管理方法，是基于战术和执行角度对作业层面进行的管理。完善的成本管理方法应该是在战略框架指导下的具体执行。因此基于价值链的成本管理应该是战略价值链分析和具体管理方法的结合，而供应链作业成本法和供应链目标成本法正好满足了此要求。

1. 供应链作业成本法

供应链作业成本是从整个供应链的角度，通过分析作业成本和交易成本来优化产品总成本。随着全球竞争日益加剧，企业必须尽可能满足客户需求，同时尽可能多地利用外部资源，这必然带来大量的交易成本。因此，在供应链作业成本中，要考虑交易成本的问题。供应链作业成本主要是供应链成员中单个企业内部职能部门的职责，它以内部代理关系为特征。交易成本虽然是供应链所有参与企业共同的职责，但在企业间代理关系中很难确定谁是委托方，谁是代理方，双方似乎都同时既是代理方又是委托方，当彼此需求得到满足时，双方相互肯定对方的业绩。这意味着双方在共同的供应链中确认、讨论和分析交易成本动因，双方的关系应该是合作，主要的合作机制是信任和协调，整个供应链的关系以信任为基础，目标是实现双赢。供应链作业成本的应用，使得发生的成本依据成本动因不仅可以对产品，也可以对供应商和客户进行分配。企业在以作业成本控制和分配自身成本的同时,从供应链的视角,可以更有效地管理供应商和客户成本,从而降低供应链总成本,实现供应链总价值最大化。

2. 供应链目标成本法

就传统的目标成本过程来说,组件水平的目标成本是单个企业的作业范围,在此基础上引入供应链观点,组件目标成本的确定可看成是上游供应商的市场目标成本,这种市场目标成本沿着供应链上传直到原材料供应商。供应链目标成本的目标是将客户的需求转化为所有参与过程中必定碰到的竞争约束,确保将来的产品能够盈利。供应链上游企业扮演的是代理方角色,下游企业扮演是委托方角色。供应链目标成本管理的目的在于通过确定整个供应链的价值成本关系,实现既定的市场目标价格。最接近客户的合作伙伴一般确定市场的目标价格。因此,该伙伴是链中最权威的合作伙伴,注定扮演委托方的角色。

基于价值链的成本管理是对企业内部、整个价值链作业成本和交易成本的优化,是一种跨企业的成本管理。实施价值链会计,加强实时控制职能就必须做好整条价值链上的成本管理和控制,增强企业的持续竞争力。

第三节　价值链会计成本管理

一、成本企划

在波特的价值链管理理念中,成本差异化是其追逐的目标之一。而企业的成本控制也不仅仅局限在企业内部价值链,即只关注企业的经营成本上,还要关注竞争对手、价值链上游供应商、顾客等相关制约成本的因素。如图 10 - 2 所示,传统成本控制局限于企业的内部经营成本,而对外部价值链考虑很少,但无论是竞争对手,供应商,还是顾客都对企业成本有着深刻的影响。首先,企业的最终产品面对的是顾客,即产品的需求者或最终消费者,企业必须提供一个满足其心理需求的价位,否则产品就会滞销。而产品的定价首先要考虑的是成本因素。此外,竞争对手的成本水平对企业市场地位同样举足轻重。因为,企业之间面对的是同样的消费者,甚至是同样的原材料供应商,谁具备了成本领先这一竞争利器,谁就掌握了主动。为了建立企业的成本优势,有必要引进一种全新的成本管理模式。现在较普遍采用的是成本企划模式。

成本企划(Target Costing)模式产生于日本丰田汽车公司,通过成本企划的模式把企业的成本限定在目标以内。其思想与欧美传统的成本管理思想有较大差别。在欧美管理模式中,通常先依据市场需求开发出产品,然后计算其相关的生产成本。根据估计其在市场上可能的销售状况,来测算产品可能的获利情况。日本企划思想正相反,以产品能够获得竞争力的价位减去企业的期望利润，以其差额作为产品的目标成本，再对产品生产过程的成本进行监督管理，使生产成本控制在目标成本以内。由于价值链会计信息数据库的建立，企业要想获得顾客、供应商以及竞争者的相关成本信息成为可能，且变得代价不是那么高昂，目标成本的确定也变得更加准确。在成本企划思想中，全生命周期目标成本和标杆法是成本企划的重要管理方法。

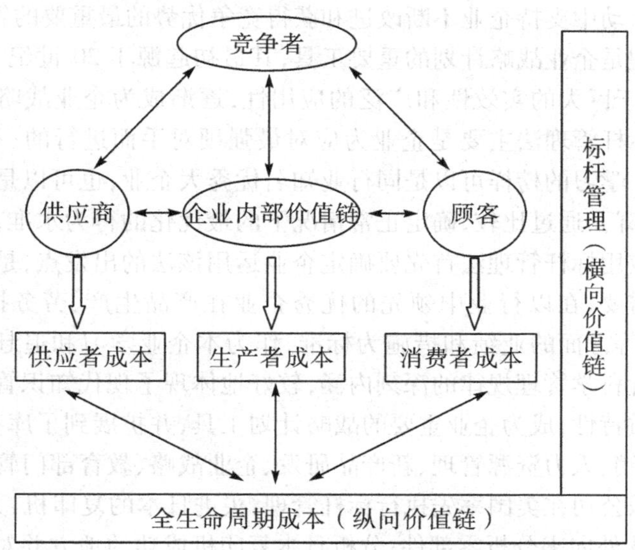

图 10－2　企业价值链成本企划图

二、全生命周期成本

产品的全生命周期成本是指产品形成至消亡所经历的从企划、研发、生产到客户使用报废处理这个循环的总成本，是成本企划的重要管理思想。该理论起源于美国国防部对军用物资成本控制的研究。谢尔德扬认为，产品的全生命周期成本按不同出发点可分为从市场角度、生产者角度和消费者乃至社会角度出发的全生命周期成本，还应该包括从供应商角度出发的全生命周期成本。据此观点，产品整个全生命周期成本分为三个部分，即供应者成本、生产者成本与消费者成本。供应者成本应该包括供货成本、服务成本；生产者成本应包括产品研发成本、试产成本、生产成本、营销成本；消费者成本应包括产品使用成本、产品报废处理成本等。价值链会计从关注企业价值链，以价值链分析为工具，对产品的全生命周期成本进行平衡优化，使它们的总和达到最小化，从而达到对产品的全生命周期成本进行管理和控制的目的。

三、标杆管理

经济全球化和高新技术的飞速发展，加剧了企业间的激烈竞争，标杆管理法为一般企业向国际一流大型企业学习，在竞争中赶超对手、保持竞争优势、占领市场提供了一种系统地、科学的、有效的学习方法。现已经成为欧美发达国家企业管理活动中支持企业不断改进和获得竞争优势的最重要的管理方式。

标杆管理是企业战略计划的重要工具，其最初起源于20世纪70年代末的施乐公司，由于巨大的实效性和广泛的应用性，逐渐成为企业战略管理的一个重要手段。标杆管理法主要是企业为应对最强硬对手而进行的一种持续不断的学习过程。学习的榜样可以是同行业知名优秀大企业，也可以是本企业业绩突出的先进部门，通过比较，确定正常情况下的最优化的行为水准，以其作为努力的方向。应用标杆管理法首先要确定企业运用该法的出发点，是满足财务目标还是顾客需要，在以行业中领先的优秀企业在产品生产、劳务提供、经营管理、作业流程等方面的业绩和措施为标准，作为本企业学习和追赶的目标。标杆管理法蕴含科学管理规律的深刻内涵，较好地体现了现代知识管理中追求竞争优势的本质特性，成为企业重要的战略计划工具，并扩展到了库存管理、质量管理、市场营销、人力资源管理、新产品研发、企业战略、教育部门管理等各个方面。例如施乐公司在美国率先执行标杆管理，买进日本的复印机，并通过“逆向工程”，首先从外向来分析零部件，分析日本复印机成功的地方并对自身进行改造，从而使施乐的复印机重新获得了竞争优势。美国1997年的一项研究表明，1996年世界500强企业中有近90%的企业在日常管理活动中应用了标杆管理，其中包括美国电话电报、国际通用机器公司、杜邦和摩托罗拉、AT&T、柯达、福特、IBM、施乐等，可见标杆管理法具有强大的生命力。

四、价值链会计的成本管理

通过以上的分析，可以从企业价值链成本企划图中看出，在横向价值链上，企业主要是和竞争对手之间的竞争，价值链会计所要完成的任务就是利用信息数据库网络，来完成自身与竞争对手的成本差异分析，并在此基础上，制定相应的成本领先战略与对策。因此在成本控制及管理方面，可以引入标杆管理法，引导企业不断改进成本管理，在竞争中发展并超越竞争对手。而在纵向价值链上，企业主要围绕上游供应商、最终客户消费者及自身的生产条件开展工作，因此应该引进全生命周期成本管理法，对价值链联盟中的各个链条进行成本分析，从而实现企业成本的全方位控制与管理。可见，价值链会计就是以价值链分析为工具，通过对企业横向价值链、纵向价值链的分析，来实现企业成本控制与管理的，当然这一切是建立在价值链会计信息系统建设之上的。

第四节 价值链会计成本管理的实际运用

价值链会计成本管理是借鉴作业成本法和作业成本管理的基本原理，通过价值链分析进行的。传统成本管理以“产品”为起点和核心，缺乏对成本进行动因管理，难以持续降低成本。而价值链会计成本管理以“作业”为起点和核心，把重点放在每项作业的完成及其耗费的资源上，通过作业分析，溯本求源，根据作业成本计算所提供的信息，如果发现某项高成本的作业，首先要确定它是否属于必要作业，能否增加价值。如果该项作业不是必要作业，就应该消除它，而根本没有必要去提高它的效率。只有必要作业才有必要全力提高其效率。价值链会计成本管理持续降低成本的过程如图 10－3 所示。

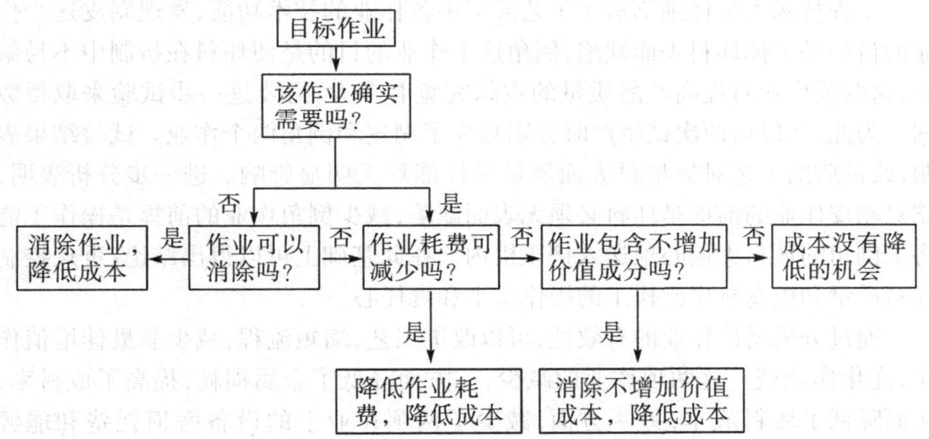

图 10－3 价值链会计成本管理持续降低成本流程图

由图 10－3 可见，价值链会计成本管理要求把成本的控制深入、落实到每项作业，以作业为核心，进行作业分析；以成本动因为基础进行成本控制；将成本管理分为成本避免和成本控制两个层次，并贯穿于企业整体价值链中，消除一切不能增加价值的作业，使企业总是处于不断改进的环境之中，从而有效、持续地降低成本。

下面通过一个具体实例来说明价值链会计成本管理的实际运用。

某钢厂开发异型材料新产品时初步设定的生产工艺路径如下：

坯料→压力矫直→剥皮→锯切中断→倒角→预热→一次加热→除鳞→二次加热→挤制成型→冷却→拉伸矫直→取样→精整→检验→包装。

以生产作业为中心，通过对异型材料生产过程中各作业成本进行确认、计量,测算出该新产品的成本为6000元/吨。其中,坯料购买成本3220元/吨(占54%),模具制造费1280元/吨(占21%),分摊的各项制造费用1140元/吨(占19%),直接人工费用360元/吨(占6%)。下面,运用价值链会计管理思想对所有与异型材生产相关联的作业活动进行分析,具体如下:

1. 分析哪些作业是增值的,哪些作业是不增值的

生产工艺流程中的各项作业一般都是增值作业,如异型材生产工艺中的剥皮、矫直、锯切、倒角、加热、挤制、精整等作业。不增值作业指对增加顾客价值没有贡献,或者经消除而不会降低产品价值的作业。半成品在工序间的运输、检测、修理等作业虽然是不增加顾客价值又无法消除的作业,但是它们的耗费是可以减少的。如修理作业,冗员较多且散布在各个岗位,若按作业定岗定员,这个作业可减员20%,从而降低了部分耗费。

2. 分析增值作业的有效性

工程技术人员仔细剖析了工艺流程中各作业的技术功能,发现剥皮这个作业的目的是去掉坯料表面缺陷,倒角这个作业的目的是使坯料在挤制中不易偏心,这两项作业对提高产品质量的贡献究竟有多大,需要进一步试验来取得数据。为此,在以后两次试生产时分别减少了剥皮和倒角两个作业。试验结果表明,改进后的工艺对异型材表面质量及性能均无明显影响。进一步分析表明,删除剥皮作业的前提是坯料必须无表面缺陷;减少倒角作业的前提是操作工能将未倒角的坯料无偏心地送入挤压机内。在此基础上可以得出结论:重点控制坯料质量和提高挤压操作工的操作水平和责任心。

通过分析增值作业的有效性,可以改进工艺,缩短流程,减少非最佳增值作业,优化作业链。这两项作业的减少,一方面降低了金属损耗,提高了成材率,从而降低了坯料成本;另一方面,减少了两项作业上的设备磨损耗费和能源耗费。

3. 进行作业关系分析,合理安排生产,降低作业成本

如机器准备作业,降低其成本的主要途径是减少准备次数,异型材生产中所用的加热炉烘炉准备时间较长,减少其热停工次数意味着降低了成本。另外,挤制成型作业中,工具更换过频也会降低生产效率。因此,生产调度必须合理安排,尽量减少热停工次数和工具更换次数,以达到提高效率、降低成本的目的。

4. 深入作业层次加强管理,提高企业价值

(1)分析确定关键作业,加强物资采购工作。坯料采购成本占异型材生产成本的比例最大,约54%,降低其成本可以有效降低异型材单位总成本。同时,坯料质量的好坏决定着后续作业的总成材率,提高成材率也意味着总成本的降低。因此,采购时应努力降低采购价格,进厂时要严格进行质量检测,建立健全

退货制度，如果因质量问题造成成本上升，要追究到采购责任人。

（2）提高模具使用寿命，降低相关作业成本。异型材在挤制过程中每支材需耗费一个模具，模具消耗相当大。模具消耗与其使用寿命（次数）有直接因果关系。因此，可以通过提高模具使用寿命来降低模具制作作业的资源消耗。具体做法是将原来的整体型腔设计为“本体＋镶块”形式的型腔。在挤制过程中，模具最易磨损变形部位为镶块，一旦磨损，可以从本体中任意拆卸更换。这样，每一个模具可使用 3～5 次，大大提高了其使用寿命，降低了模具制作成本。

通过作业成本计算与分析，加强了作业管理，优化了作业链，重新测算出异型材成本为 5000 元/吨，较原来的生产成本降低了 1000 元/吨其中坯料采购成本 3100 元/吨，模具制造费 800 元/吨，各项制造费用 740 元/吨，直接人工费用 360 元/吨，这就为该新产品成本提供了较准确的信息，提高了该产品的价格优势。

可见，在企业生产过程中对价值链的各项作业运用作业成本法计算与管理，不但会给企业提供相对准确的信息，提高企业的竞争能力，而且还会通过价值链管理的实施提高企业的管理水平，促使管理现代化，提高企业的市场竞争力。

第十一章　价值链会计的业绩评价

第一节　概述

一、业绩的定义

价值链的业绩是指价值链的运作过程和运作效果。价值链的运作过程是通过有效地协调价值链各节点企业的活动,实现整条价值链的增值。从供应链的角度来看,制造商从外部供应商获得原材料,加工成成品,然后包装,由零售商将产品送达顾客手中,每个过程都是一个价值增加的过程。从信息流的角度看,各成员企业通过信息共享和协调,可以大大降低价值链的运营成本,增加价值链的价值。同时,把握最终顾客的需求和方向,及时开发出能够满足顾客需求的产品。通过分析,可以将价值链会计的业绩理解为:

(1)价值链的各节点企业通过信息共享和协调,在价值链基础设施、人力资源和技术开发等内外资源的支持下,通过物流管理、生产操作、市场营销、顾客服务、信息开发等活动增加和创造的价值总和。

(2)为了达到上述目标,价值链各节点企业采取各种活动,形成过程业绩。

二、价值链会计业绩评价的特点

传统的企业业绩评价指标侧重于单个企业,评价的对象是某个具体企业的内部职能部门或者职工个人,而不能对企业业务流程进行评价。其评价指标的数据来源于财务结果,在时间上略为滞后,不能反映价值链动态运营情况;传统的企业业绩评价不能对价值链的业务流程进行实时评价和分析,而是侧重于事后分析。建立在价值链会计基础之上的业绩评价指标应该能够反映价值链整体运营状况及各节点企业之间的运营关系,而不是孤立地评价某一节点企业的运营情况。评价价值链运行业绩的指标,不仅要评价该节点企业的运营业绩,而且还要考虑该节点企业的运营业绩对其相邻节点企业或整个价值链的影响。和传统的企业业绩评价指标相比,价值链会计业绩评价指标是基于价值链整体运营业绩的,其评价对象是价值链及各节点企业的业务流程;评价时采用的数据来源于价值链会计系统,该数据可以动态地反映价值链的运营情况;价值链会计业绩评价指标是基于业务流程的,内容广泛,不仅使用会计数据进行量化分析,还提出一些方法来测定价值链上游企业是否有能力及时满足下游企业或市场的需求;从评价的时间来看,价值链会计业绩评价是一种实时评价和分析。

三、价值链会计业绩评价的作用

价值链会计业绩评价主要有以下四个方面的作用:

(1)用于对整个价值链的运行效果做出评价。主要考虑到价值链之间的竞争,为价值链在市场中的生存、组建、运行、撤销的决策提供客观依据。其目的是通过业绩评价而获得对整个价值链的运行状况的了解,找出价值链运营中的问题,及时采取措施给予纠正。

(2)用于对价值链上各节点企业做出评价。主要考虑价值链对链上各企业的激励,吸收优秀企业加盟,剔除不良企业。

(3)用于对价值链链内各节点企业之间的合作关系做出评价。主要评价上游企业(如供应商)对下游企业(如制造商)提供的产品和服务质量,从用户满意度的角度评价上下游企业之间的合作伙伴关系。

(4)用于激励企业。价值链会计业绩评价指标除了对价值链企业运作业绩进行评价外,还可以对企业起到激励作用。这种激励不仅是核心企业对非核心企业的激励,也包括供应商、制造商和零售商之间的相互激励。

四、价值链会计业绩评价的内容

价值链会计业绩评价的内容包括内部业绩的衡量、外部业绩衡量及价值链综合业绩衡量。

(一)内部业绩的衡量

内部业绩的衡量主要是对价值链上的各节点企业内部业绩进行评价,常见的评价指标有成本、顾客服务、生产率、资产的衡量及质量等。业绩评价的最直接的反映是完成特定运营目标所发生的真实成本。成本指标代表的是以金额表示的销售量百分比或每个单位数量的成本。顾客服务指标是考察价值链内部企业满足用户或下游企业需要的相对能力。生产率是衡量组织业绩的一个指标,用于评价生产某种产品的投入与产出之间的相对关系,通常用比率或指数表示。资产衡量指标着重对诸如存货等流动资本如何能快速周转以及固定资产如何能产生投资回报率等方面进行衡量。质量指标是对全过程评价最主要的指标,它用来确定一系列活动的效率。

(二)外部业绩衡量

外部业绩衡量主要是对价值链上的企业之间运行状况的评价。外部业绩衡量的主要指标有:用户满意程度,最佳实施基准等。用户满意程度的评价可以使价值链业绩评价迈向最高层。这种评价可以由企业或行业协会组织调查或者系统的订货跟踪。主要是询问关于价值链企业与竞争者的业绩,例如可靠性,订发货周期,信息的可用性,问题的解决和产品的支撑等。基准是综合业绩评价的一个重要方面,最佳的实施基准集中在对比组织指标上的实施和程序。越来越多的价值链企业应用最佳的实施基准,将它作为企业运行与相关行业或非相关行业的竞争对手或最佳企业比较的一种技术。特别是一些核心企业常在重要的战略领域将基准作为检验价值链运作的工具。

(三)综合价值链业绩衡量

价值链之间的竞争引起人们对价值链总体业绩的日益重视,要求提供能透视总体的衡量方法,这种透视方法必须是可以比较的,并且既能适用于企业的功能部门,又能适用于分销渠道。如果缺乏总体的业绩衡量,就可能出现制造商对用户服务的看法和决策与零售商的想法完全背道而驰的现象。综合价值链业绩的衡量主要从顾客服务、时间、成本、资产等几个方面展开的。顾客服务的衡量包括完美的订货、用户满意程度和产品质量。它衡量价值链企业所能提供的总的客户满意程度。时间衡量主要测量企业对用户要求的反应能力。也就是从顾客订货开始到顾客用到产品为止,需要多少时间。包括装运时间、送达运输时间和顾客接受时间。价值链总的成本包括订货完成成本、原材料取得成本、总的库存运输成本、与物流有关的财务和管理信息系统成本、制造劳动力和库存的间接成本等。物流管理是对包括库存、设施及设备等相当大的资产负责,资产评价基本上集中在特定资产水平支持下的销售量水平。主要测定资金周转时间、库存周转天数、销售额与总资产的比率等资产业绩。价值链业绩评价除了上述指标外,还有一些定性的指标,如核心企业竞争力、核心企业的核心能力等。

第二节 我国传统业绩评价指标体系

20 世纪 80 年代初期,我国对企业业绩评价侧重于工业企业,评价指标主要是生产产值、产品产量、企业规模等,评价方法主要是将实际数据与计划相比较。推行承包经营责任制阶段,评价指标主要是利润完成和上交情况。由财政部颁发,自 1993 年 7 月 1 日开始实行的《企业财务通则》规定了偿债能力、营运能力和盈利能力三大类八项财务评价指标,包括资产负债率、流动比率、速动比率、应收款周转率、存货周转率、资本金利润率、营业收入利润率、成本费用利润率。1995 年 11 月,国家经贸委和国家统计局颁发了《新的工业企业综合评价指标体系》,该指标体系把企业的总体素质详细划分为企业总体经济实力、投入产出效率、盈利能力、偿债能力、营运能力、发展能力六个方面，具体包括市场占有率、利税占有率、全员劳动生产率、成本费用利润率、流动资产周转率、产品销售率、总资产报酬率、净资产收益率、资产负债率、营运资金比率、资本保值增值率、资产增加率12个指标。2002年6月财政部、国家经贸委、人事部、国家计委联合颁布了《国有资本金效绩评价规则》，其中，工商类竞争性企业绩效评价指标体系由基本指标、修正指标、评议指标三个层次构成，采取了综合评分的方法。该指标体系如表11－1所示。

表11－1　　财政部等四部委联合颁发的企业效绩评价体系表

评价内容	权数	基本指标		修正指标(±)			
		指标	权数	指标	权数	指标	权数
一、财务效益状况	42	净资产收益率	30	资本保值增值率	16	成本费用利润率	12
		总资产报酬率	12	销售(营业)利润率	14	—	—
二、资产运营状况	18	总资产周转率	9	存货周转率	4	不良资产比率	6
		流动资产周转率	9	应收账款周转率	4	资产损失比率	4
三、偿债能力状况	22	资产负债率	12	流动比率	6	长期资产适合率	5
		已获利息倍数	10	速动比率	4	经营亏损挂账比率	3
				现金流动负债比率	4	—	—
四、发展能力状况	18	销售(营业)增长率	9	总资产增长率	7	三年利润平均增长率	3
		资本积累率	9	固定资产成新率	5	三年资本平均增长率	3
合计	100	—	100	—	—	—	—

该评价体系在1999年颁布的原评价体系基础上作了相当大的改进，比较全面地考虑了各因素的影响，旨在增强评价指标的适应性，初步形成了财务指标与非财务指标相结合的业绩评价指标体系。但不难看出，上述评价体系仍主要是财务评价，尤其是以企业利润作为评价企业经营业绩的核心，由此存在以下缺陷：

（1）财务评价体系中的各指标权重是人为事先设定的，属于主观赋权，一方面会导致对某一个因素过高或过低的估计,使评价结果不能完全反映企业的真实情况,另一方面会诱使企业粉饰或片面追求权重较高的指标。尤其是当主要经营者报酬与公司财务指标相挂钩时,财务指标容易被经营者操纵,虚增某些财务指标。

(2)财务评价着重的是对过去业绩的评价,没有未来价值的创造,而从战略管理的角度看,激烈的市场竞争越来越需要对顾客满意度、市场占有率、技术创新和员工培育等一揽子未来价值创造方面的评价。

(3)片面强调盈余,盲目地追求高财务指标,会造成经营者为追求短期效益而牺牲企业的长期利益,助长企业经营者急功近利思想和短期投机行为,使企业经营者不愿进行可能会降低当前盈利指标的资本投资去追求长期战略目标,也就可能导致企业管理当局不重视科技开发、产品开发、人才开发,不利于企业长期健康发展。

(4)在权责发生制下,会计方法的可选择性和财务报表编制的弹性,使得会计收益(盈余)在某种程度上失真,往往不能准确反映企业经营业绩,如净资产收益率指标受到折旧与存货计价方法等的影响,企业盈利及其净资产的确定会影响到净资产收益率指标。

(5)财务评价方法在知识经济条件下,对无形资产方面显得力不从心,特别是大量的无形资产未在财务报表中反映出来,而企业拥有无形资产实力,提高长期竞争力正是知识经济时代的要求。

第三节　价值链会计的业绩评价指标体系

一、建立价值链会计业绩评价指标体系遵循的原则

为了科学客观地反映价值链的运营情况,需要建立与此相适应的价值链业绩评价方法,并确定相应的业绩评价指标体系。其内容比传统的企业业绩评价指标更为广泛,为了建立能有效评价价值链业绩的指标体系,必须遵循如下原则:

(1)对关键业绩评价指标进行重点分析;

(2)采用能够反映价值链业务流程的业绩评价指标体系;

(3)评价指标能够反映整个价值链的运营情况,而不是仅仅反映单个节点企业的运营情况;

(4)采用实时评价与分析的方法,把业绩评价范围扩大到能反映价值链实时运营的信息上去,这比只做事后分析更有价值;

(5)采用能够反映供应商、制造商、分销商及用户之间关系的业绩评价指

标,把评价的对象扩大到价值链上的其他节点企业。

二、整个价值链业务流程的业绩评价指标

整个价值链是指从最初供应商开始直至最终用户为止的整个链条。从指标评价的客观性和实际可操作性出发,反映整个价值链管理业绩的评价指标如下:

(一)产销率指标

产销率是指在一定时间内已销售出去的产品与已生产的产品数量的比值,即:

产销率 = 一定时间内已销售出去的产品数量 ÷ 一定时间内生产的产品数量

因为分子小于或等于分母,因此产销率小于或等于1。

产销率指标又可以分成反映价值链节点企业在一定时间运营状况的产销率、反映价值链核心企业在一定时间内产销经营状况的产销率和反映价值链在一定时间内产销经营状况的产销率,故:

价值链节点企业产销率 = 一定时间内节点企业已销售产品数量 ÷ 一定时间内节点企业已生产的产品数量

价值链核心企业产销率 = 一定时间内核心企业已销售产品数量 ÷ 一定时间内核心企业已生产的产品数量

价值链产销率 = 一定时间内价值链节点企业已销售产品数量之和 ÷ 一定时间内价值链各节点企业已生产产品数量之和

上述指标的时间单位可以是年,也可以是月,随着价值链管理水平的提高,时间单位可以取得越来越小,甚至可以以日为单位。这些指标也反映了价值链资源的有效利用程度,产销率越接近1,说明资源利用程度越高。同时,该指标也反映了价值链库存水平和产品质量,其值越接近1,说明价值链各节点企业、核心企业及价值链上的成品库存量越小。

(二)产需率指标

产需率是指在一定时间内,价值链某一节点企业已生产的产品数量与其下游相邻节点企业对该产品的需求量的比值。该指标可以细分为两个指标:价值链节点企业产需率及价值链核心企业产需率。

价值链节点企业产需率 = 一定时间内节点企业已生产的产品数量 ÷ 一定时间内下游相邻节点企业对该产品的需求量

该指标反映价值链上相邻节点企业之间的供需关系。产需率越接近1,说明上、下节点企业之间的供需关系协调,准时交货率高,反之,则说明该企业准时交货率低或者企业的综合管理水平较低。

价值链核心企业产销率 = 一定时间内核心企业生产产品数量 ÷ 一定时间内用户对该产品的需求量

该指标反映价值链整体生产能力和快速响应市场能力。若该指标数值大于或等于 1，说明价值链整体生产能力较强，能快速响应市场需求，具有较强的市场竞争力；若该指标数值小于 1，则说明价值链生产能力不足，不能快速响应市场需求。

(三)价值链产品生产循环指标或节拍指标

当价值链节点企业生产的产品为单一品种时，价值链产品产出循环期是指产品的产出节拍；当价值链节点企业生产的产品品种较多时，价值链产品产出循环期是指混流生产线上同一种产品的产出间隔。由于价值链管理是在市场需求多样化经营环境中产生的新的管理模式，其节点企业(包括核心企业)生产的产品品种较多，因此，价值链产品产出循环期一般是指节点企业混流生产线上同一种产品的产出间隔期。它可分为如下两个具体的指标：

(1)价值链节点企业(或供应商)零部件产出循环期。该循环期指标反映了节点企业库存水平以及对其上层节点企业需求的响应程度。该循环期越短，说明了该节点企业对其上层节点企业需求的快速响应性越好。

(2)价值链核心企业产品产出循环期。该循环期指标反映了整个价值链的在产品库存水平和成品库存水平，同时也反映了整个价值链对市场或用户需求的快速响应能力。核心企业产品产出循环期决定着各节点企业产品产出循环期，即各节点企业产品产出循环期必须与核心企业产品产出循环期合拍。该循环期越短，说明整个价值链的在制品库存量和成品库存量都比较少，总的库存费用都比较低；另一方面也说明价值链管理水平比较高，能快速响应市场需求，并具有较强的市场竞争能力。

(四)价值链总运营成本指标

价值链总运营成本包括价值链通信成本、价值链库存费用及各节点企业外部运输总费用。它反映价值链运营的效率。具体分析如下：

(1)价值链信息系统成本。价值链信息系统成本包括各节点企业之间通信费用，如 EDI、因特网的建设和使用费用、价值链信息系统开发和维护费等。

(2)价值链总库存费用。价值链总库存费用包括各节点企业在产品库存和成品库存费用、各节点之间在途库存费用。

(3)各节点企业外部运输总费用。各节点企业外部运输总费用等于价值链所有节点企业之间运输费用总和。

(五)价值链核心企业产品成本指标

价值链核心企业的产品成本是价值链管理水平的综合体现。根据核心企业产品在市场上的价格确定出该产品的目标成本，再向上游追溯到各供应商，确定出相应的原材料、配套件的目标成本。只有当目标成本小于市场价格时,各个企业才能获得利润,整个价值链才能实现增值。

(六)价值链产品质量指标

价值链产品质量是指价值链各节点企业(包括核心企业)生产的产品或零部件的质量。主要包括合格率、废品率、退货率、破损率、破损物价值等指标。

三、价值链各节点企业之间的业绩评价指标

价值链是由若干个节点企业所组成的一种网链结构,如何选择供应商、如何选择分销商、如何评价供应商及分销商的业绩以及由谁来评价等都是价值链各节点企业之间业绩评价要明确的问题。而价值链企业之间的业绩评价可以从采购渠道和分销渠道两个方面来进行。

(一)价值链采购渠道业绩评价指标

价值链采购渠道评价指标是站在某一节点企业的角度,对其上游价值链中的相邻节点企业与供应商之间关系的评价分析。反映某一企业与供应商之间业绩的指标主要是满意度。

满意度指标是反映价值链相邻节点企业关系的业绩评价指标,即在一定时间内某一节点企业对其上游价值链相邻供应商的综合满意程度 C_{ij}。其表达式如下所示:

$C_{ij} = \alpha_j \times$ 供应商(j)准时交货率 $+ \beta_j \times$ 供应商(j)成本利润率 $+ \lambda_j \times$ 供应商(j)产品质量合格率

上式中,α、β、λ 为权数,其取值可随着供应商的不同而不同,且 $\alpha_j + \beta_j + \lambda_j = 1$。

在满意度指标中,准时交货率是指价值链上游供应商在一定时间内准时交货的次数占其总交货次数的百分比。供应商准时交货率低,说明其协作配套的生产能力达不到要求,或者是对生产过程的组织管理跟不上价值链运行的要求;供应商交货率高,说明其生产能力强,生产管理水平高。

成本利润率是指单位产品净利润占单位产品总成本的百分比。在市场经济条件下,产品价格是由市场决定的,因此,在市场供需关系基本平衡的情况下,供应商生产的产品价格可以看成是一个不变的量。按成本加成定价的基本思想,产品价格等于成本加利润,因此产品成本利润率高,说明供应商的盈利能力强,企业的综合管理水平高。在这种情况下,由于供应商在市场价格水平下能获得较大利润,其合作积极性必然增强,必然对企业的有关设施和设备进行投资和改造,以提高生产效率。

产品质量合格率是指质量合格的产品数量占产品总产量的百分比,它反映了供应商提供货物的质量水平。质量不合格的产品数量越多,则产品质量合格

率就越低，说明供应商提供产品的质量不稳定或质量差，供应商必须承担对不合格的产品进行返修或报废的损失，这样就增加了供应商的总成本，降低其成本利润率。因此，产品质量合格率指标与产品成本利润率指标密切相关。同样，产品质量合格率指标也与准时交货率密切相关，因为产品质量合格率越低，就会使得产品的返修工作量加大，必然会延长产品交货期，使得准时交货率降低。

通过满意度指标能评价不同供应商的运营业绩以及这些不同的运营业绩对其下游价值链节点企业的影响。满意度指标值低，说明该供应商运营业绩差，生产能力和管理水平都比较低，并且影响了其下游价值链节点企业的正常运营，从而影响到整个价值链的正常运营，因此对满意度指标值较低的供应商的管理应作为管理的重点，要么进行全面整改，要么重新选择供应商。

(二)价值链分销渠道业绩评价指标

价值链分销渠道业绩评价一般有定性和定量两种方法。其定性的方法包括：分销渠道成员协作程度，分销渠道成员矛盾冲突程度，所需信息的可获得程度。定量方法有：每单元的分销成本，履行订单的出错率，商品的破损率等。通常采用企业目标市场顾客的满意度来评价分销渠道业绩，包括评价产品在店铺中的可获得性、评价顾客服务是否充分、评价企业品牌形象的优势等。另外，评价分销渠道结构的有效性包括：①评价渠道成员的营业额；②渠道中的竞争力和相关问题；③将本企业实行某些市场功能的能力与其他渠道成员相比，以保证渠道的专业化程度。

评价分销渠道业绩没有通用的标准，企业可以根据自身的战略目标、运营环境、顾客的特殊需求的等设计适合自己的标准。主要的评价标准如表 11－2 所示。

表 11－2　　　　分销渠道业绩评价标准表

顾客服务	宏观生产率	微观生产率
库存补充速度	物流成本占销售额的百分比	每单位的仓库成本
订单完成百分比	运输成本占销售额的百分比	库存破损
运送提前期	累计库存成本	运输成本/吨千米
订单运单票据出错率	定期补充的库存量	回程空载率

第十二章　IT 环境下的价值链会计

第一节　IT 环境与价值链会计

IT 是 Information Technology 的简称，即信息技术。所谓信息技术就是能够扩展人类信息器官功能的技术，其中计算机与智能技术和通信技术处在整个信息技术的核心位置。随着信息技术的不断发展，网络技术、计算机硬件技术、软件技术、数据库技术、数据挖掘技术及各种应用信息系统及平台已深刻影响到人类的社会经济活动，从而构成了所谓的 IT 环境。目前，现代信息技术已渗透到社会的各行各业，极大地提高了社会生产力水平，为人们的工作、学习和生活带来了前所未有的便利和实惠。

IT 环境是价值链会计赖以生存的基础。只有在现代信息技术的支撑下，才能在整个价值链上实现信息的实时、准确的采集、记录、核算、集成、共享、跟踪、反馈，并有效地发挥价值链各节点企业的管理与控制作用。离开了信息技术，价值链会计不仅在实践中无法应用，在理论上也是不可行的。因此，本研究的有关价值链会计的内容都是以价值链上各节点企业都有发达的信息技术体系为前提的。

第二节　IT 环境下价值链会计流程重组

一、企业的主要流程及其关系

无论企业提供何种性质的商品或服务，在其经营过程中一般都存在三个主要流程。

（一）业务流程

业务流程是指为特定顾客或市场提供特定产品或服务而实施的一系列精心设计的活动。一般企业至少包含三个业务流程，即投入流程、生产流程和产出流程。投入流程也就是通常所说的采购流程，主要指获取、支付和维持企业所需要的资源如人力资源、原材料、固定资产、无形资产、其他服务等。生产流程主要是把获得的资源转化为最终的产品或服务的过程。产出流程由销售产品及服务、收取相应款项等活动组成,其目的是通过该流程将商品和服务作为输出提供给客户,并尽可能及早收回款项保证资金回笼。

(二)会计流程

会计流程是指财会部门为了对企业的经营活动进行反映和控制,产生一系列以财务信息为主的经济信息而进行的一系列活动。该流程包括数据采集、数据加工与存储和报告信息三个主要活动。数据采集主要是从上述业务活动中采集数据,为加工流程服务。所获数据的载体主要为原始凭证(销售发票、付款凭证、入库单等),这些是财务会计流程的输入资源信息或数据。数据的加工与存储是将上述原始凭证进行加工编制、审核记账凭证,然后对其进行分类、计算、传递,并将加工、分类、汇总、传递结果保存在各类账簿中。报告信息活动是以账簿、记账凭证为依据,编制内部报表和外部报表提交给投资人、债权人、管理者及相关政府部门。

(三)管理流程

管理流程是以管理信息系统产生的信息为依据,对企业经营活动全过程进行计划、控制、评价等,从而创造价值。在企业的经营过程中,业务流程、会计流程和管理流程并非独立存在,而是相互联系、相互依存、相互作用的。企业经营过程中形成一系列的业务流程,业务流程产生了大量信息;会计流程获得这些信息,经过加工后,又将信息提供给管理流程;企业管理者利用会计信息从事管理活动,对经营过程进行计划、控制和评价。这三类流程共同支持企业管理目标的实现。其中会计流程是连接业务流程和管理流程的桥梁,该流程的设计思想、数据采集效率、加工的正确性和有效性,直接影响到企业管理活动的质量和效率。

二、IT 环境下会计流程重组

(一)业务流程重组的基本思想

业务流程重组(Business Process Reengineering, BPR)理论是美国 Michael Hammer 博士于 1990 年在《Reengineering Work:Don't Automate, But Obliterate》一文中提出并将其引入到西方企业管理领域的。他认为"我们必须重组业务,用信息技术的力量彻底地重新设计业务流程,使组织在成本、质量、服务和速度等关键指标上取得显著的提高,使得企业能最大限度地适应以顾客、竞争、变化为特征的现代企业经营环境"。它强调以业务流程为改造对象和中心,以关心客户的需求和满意度为目标,对现有的业务流程进行根本性的再思考和彻底的再设计,利用现代信息技术及现代化的管理手段打破传统的层级组织结构,实行扁平化管理,最大限度地实现技术上的功能集成和管理上的职能集成。

BPR 作为一种新的管理思想，在欧美等国企业中掀起了管理革命的浪潮。它突破了传统劳动分工理论的思想体系，强调以“流程导向”替代原有的“职能导向”的企业组织形式，为企业经营管理提供了全新的思路。从经济的角度看，会计信息也可以说是一种商品，是会计活动所产生的。所以会计活动与企业的产品生产活动具有相似性，也同样面临着如何提高会计信息质量、如何更好地为会计信息使用者提供服务、提高会计信息的时效性、降低会计成本等问题。传统会计流程存在诸多不足，有必要通过 BPR 思想予以再造，从而形成新的价值链会计体系，实现对价值链的实时管理与控制，最终实现企业价值的增值与最大化的目标。

（二）IT 环境下会计流程重组的思路

会计流程重组的一个非常重要的前提就是充分利用信息技术，如果撇开这一点，会计重组就是一个“空中楼阁”。只有把信息技术作为催化剂，按照集成、融合的观点来设计会计流程，才能有效地支持会计实时控制。在进行会计流程重组时，企业可以利用网络和数据库技术及先进的管理软件，将企业财务管理所需数据存储于一个数据库，价值链上其他节点企业可以通过一定的权限而相互访问该数据库，从而为实现实时获取信息、实时控制业务事件、实时生成信息、实时报告信息的新流程提供支持。在借助信息技术这一前提下，会计流程重组的思路如下：

（1）要打破传统会计流程，建立集成数据处理和控制流程。当经济活动发生时，企业信息系统通过一定的程序实时获取事件信息，并将结果保存在数据库中。同时，控制模块按照控制准则和标准对业务事件进行实时控制，如果超过标准，则该事件不允许发生，如果未超标，则驱动动态会计平台，根据会计模板自动生成实时会计凭证，并保存在数据库中。企业各部门业务人员或者价值链联盟其他节点企业按照权限，利用数据库中的数据实时自动生成动态报告，对企业的经营活动进行实时控制，指导、调节和约束经济活动。

（2）要将控制机制嵌入业务流程中。一方面，将各种控制准则嵌入会计控制系统，财会人员或管理人员可以利用管理信息系统对经营活动进行远程实时控制。另一方面，将财会人员嵌入经营活动过程，发挥其实时控制的作用。财会人员应拓展其原有工作职能，从财务部门延伸至各个业务部门，直接关注业务过程，这将有助于对业务活动进行事中控制并防范风险。

三、重组后价值链会计流程的特点

依靠信息技术对会计流程进行重组后，以实时控制为核心的价值链会计流程的特点如下：

（1）价值链会计实时控制的空间范围是价值链联盟。由于价值链联盟各节点企业之间的无缝链接,各企业都可以按照一定的权限随时访问价值链上其他企业的数据库,从而根据其他企业供应及需求的变化来控制本企业的经济活动,所以控制的范围由企业内部价值链扩展到外部价值链。

(2)价值链会计流程收集的价值信息是全面和实时的。价值链中各项价值活动又可分解为各种作业活动,它们是信息收集、控制的最小细胞。如辅助活动中的采购活动可以分为多项作业活动,包括提出采购申请、检查在货清单、选择供应商、验收入库、支付货款等。当作业活动发生时就对产生的信息进行全面实时的收集。对于每个作业活动来说总是伴随着信息流、物流、资金流中的一项或全部,对作业活动的控制就是对这几项活动的控制。

(3)价值链联盟各成员都可以按一定的权限和信息处理规则通过报告工具自动输出所需的信息。同时,计算机按照事先预设的标准、规则进行实时控制。这种控制包括柔性控制和刚性控制。柔性控制是指当差异发生时,将控制权交给控制人;刚性控制是指由计算机自动控制。在实践中应该以刚性控制为主柔性控制为辅。

(4)价值链会计实时控制的最小细胞是作业活动。通过对各项价值活动的作业活动进行实时控制,从而实现对价值活动的控制,最终实现对整个价值链的控制。这种控制使价值链能够合规、高效的运作,提高整个价值链的价值创造能力,实现快速的以低成本高质量来满足顾客的需求,在实现顾客价值最大化的同时,实现价值链联盟企业的价值增值最大化。

(5)这种控制的主要特征为实时性。价值链会计管理控制的层次包括战略层、管理层和作业层,运用一定的控制方法实现会计对企业经营活动包括事前计划、事中控制和事后分析的全过程管理。

第三节　IT 环境下价值链会计实时控制

一、价值链会计实时控制的必要性

(一)经济环境的变化需要价值链会计实时控制

会计控制是企业管理的组成部分,它的理论和实务是随着经济环境的变化及管理的需要而不断发展变化的。R. H. 蒙哥马利在 20 世纪初期提出了“内部牵制理论”,其核心思想在于账目间的相互核对并实施岗位分离。这在早期被认为是确保所有账目正确无误的一种理想控制方法,主要包括实物牵制、物理牵制、分权牵制和簿记牵制。之后,这种控制理论不断发展和完善。20 世纪 70 年代,企业的内部控制划分为会计控制和管理控制。到了 20 世纪 80 年代,将内部控制划分为内部管理控制和内部会计控制的提法又被“内部控制结构”所取代。20 世纪 90 年代之后，美国的“发起组织委员会（COSO）”提出了“内部控制—整体框架”的研究报告，认为内部控制以会计控制为核心，会计控制和管理控制日益融合且密不可分。

控制理论之所以发展得如此迅速，是因为经济环境发生了很大的变化。20 世纪 80 年代以来，以计算机、通信技术和网络技术为代表的信息技术迅猛发展和广泛应用，引发了全球范围的“信息革命”，人类社会进入到了信息时代。信息技术日益渗透到经济和社会活动的各个方面。在这个过程中，会计控制理论为了适应这种变化，大量吸收了控制理论、信息理论、系统理论、管理决策理论、经济理论、组织理论等现代科学理论，在利用会计控制实现保护会计信息质量的同时，已经开始研究利用会计控制促进企业经营效率和效益目标的实现。

进入 21 世纪以后，信息技术革命和经济全球一体化的大趋势给各国的经济发展带来了深刻的影响。企业既面临着新的机遇又面临着严重的挑战。生产过剩已呈现出全球化的趋势，消费者对产品的要求趋于多样化和个性化；企业的竞争从产品发展到顾客；从传统工业时代的“规模取胜”发展到信息时代的“速度取胜”；从单个企业的竞争发展到价值链和价值链之间的竞争，企业管理的范围不但包括自身的资源，还要延伸到价值链上的供应商、销售商、服务商和客户；从竞争的范围来看，已经从区域竞争发展到全球竞争；为适应上述发展的变化，企业的管理也从传统管理发展到信息化管理，将信息技术与管理融合以提升企业的管理水平。在这样的大背景下，传统的注重事后控制和企业内部控制的会计控制系统已经不能适应管理的需要了，取而代之的则是实时的、从整个价值链的角度来控制的价值链会计实时控制系统。

（二）信息技术的发展为会计实时控制提供了技术支持

企业管理理论的发展离不开信息技术的支持。在 21 世纪这个信息时代，计算机网络技术、数据库技术以及包括企业资源计划（ERP）、供应链管理（SCM）、客户关系管理（CRM）等管理软件在企业中的广泛应用，极大地促进了企业管理的发展。企业内部网（Intranet）的建立与运用使企业内信息得以共享，打破了企业内各部门间的界限，使企业组织渐趋扁平化、网络化；企业通过因特网（Internet）以及基于因特网的 EDI（电子数据交换）、电子商务等，可以方便、实时、低成本地与顾客交易，从而更直接地把握顾客的需求，使企业与顾客的交流和交易方式呈现出新的特点；企业与企业之间可以利用网络技术建立动态联盟，形成虚拟企业，增强竞争能力。强大的数据库技术，使数据库成为企业存储和管理数据的黄金宝库。功能完善的 ERP 系统以及不断推出的 SCM、CRM 等管理软件，成为支持企业全面有效管理的可靠平台。网格技术的发展将使价值链上各企业之间的远程计算和远程控制成为可能。上述信息技术都为价值链会计实施实时控制提供了技术上的可能。

(三)价值链会计实时控制是会计理论发展的需要

会计控制是当代会计的一项基本职能。会计控制不仅直接影响企业会计信息的可靠性、真实性、法律和法规执行的程度,而且影响到企业经营效率和效益乃至核心竞争力。而企业会计信息的可靠性、真实性、法律和法规执行的程度又直接影响到整个社会经济秩序的正常运行;企业经营效率和效益的高低、核心竞争力的强弱又直接影响着社会的繁荣、经济的发展和国家的强盛。但是传统的会计控制模式却越来越不能满足企业的需求。财务会计无法全面反映企业价值的信息,如对无形资产信息以及非财务信息等披露不足,会计只是事后核算,不能实现事中的控制;管理会计中一些传统的知识如"经济订货量"、"最佳生产量"受到挑战,一些新方法如价值链、供应链管理等方法又无法相融。因此,在现行会计模式已经越来越不适应社会经济环境的变化时,有必要重新审视我国现行的会计模式,改革其中旧的不符合实际的部分,为会计理论增加新鲜的内容。在这种情况下,价值链会计应运而生,而实时控制是价值链会计所要实现的核心职能,价值链会计靠信息技术来实现。那么,在当前价值链会计研究刚刚起步的情况下,研究基于信息技术的价值链会计实时控制是非常必要的。

二、价值链会计实时控制方法

会计控制方法是用来反映会计控制内容,执行和完成会计控制目标的手段。传统会计控制方法,如对会计信息处理的控制方法"有借必有贷,借贷必相等"和会计账表的平衡试算在会计工作中得到广泛应用,但是随着企业经济业务的不断发展和日趋复杂,控制内容和范围的不断扩大,控制的时效性不断提高,很多传统会计控制方法的控制力度减弱了。而一些先进的会计控制方法,如预算控制、责任会计控制、标准成本控制、作业成本控制等方法,只停留在探索阶段。其主要原因在于没有和信息技术相结合,难以突破手工条件下"信息孤岛"的瓶颈障碍。随着信息技术在我国的普及,探索将信息技术和会计控制有机结合的价值链会计实时控制方法是很有必要的。

(一)IT 环境下预算控制

企业进行预算管理时,首先,根据过去的经营情况和现有状况确定下一期间的经营目标,主要是制定企业的利润目标,然后编制预算及责任中心计划;其次,在业务发生过程中进行控制和调整;再次,在期末时对各责任中心进行业绩考核;最后,根据分析过去决策未来。从这个流程来看,预算也可以对企业的经营活动进行控制,但是在传统的手工会计环境下,预算编制难度大,而且预算执行和实时控制的难度也很大,在没有信息技术支持下,当经营业务发生时,不能获得实时动态的实际数据，无法按照各部门、各个岗位乃至个人的具体预算标准进行实时控制。我国很多企业只是把预算当成"摆设"，随意调整预算，预算控制没有真正发挥作用。要满足价值链管理对预算控制的要求，实现实时控制的目标，只有依托信息技术实行作业基础预算管理。预算控制有两种形式：前摄性控制和反馈性检验。前摄性控制是面向未来的控制，是指在编制预算时设定经营目标、业绩计量标准及考核标准，它是建立在业务流程和作业分析这两个层次上的。反馈性控制是对预算的实际情况进行计量，并将结果与预算标准进行比较，对出现的偏差进行及时反馈。这种控制相对来说时间滞后而控制效果较差。前文所介绍的作业基础预算则是一种前摄性控制。结合前文的内容及价值链会计实时控制的有关理论，设计价值链会计预算控制法的实时控制框架如图12－1所示。

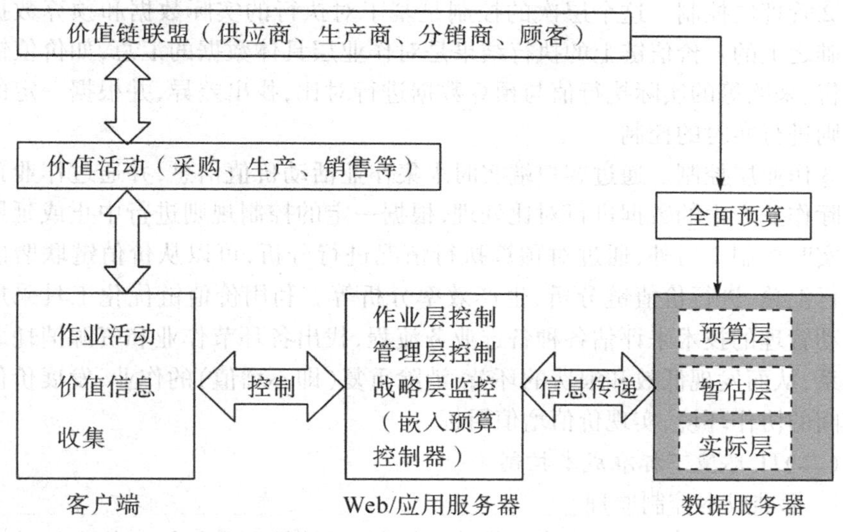

图12－1 预算控制法的实时控制框架图

这种预算控制的过程及其特点如下：

(1)将预算范围在空间上扩展到整个价值链联盟。根据价值链联盟的战略与计划，参照历史数据和预测数据，以一定的规则为基础，生成价值链联盟预算，包括价值链联盟销售预算、价值链联盟采购预算、价值链联盟生产预算等。同时各个成员企业通过系统的支持以一定的方式自动生成本企业预算表。预算数据以一定的方式存放在数据库中。

(2)预算可以分为三个层次：战略预算、短期运营预算和作业预算。战略预算是基于战略目标的货币表现，通过将战略计划转变为统一的预算，对战略进行评估，找出模拟值与目标值间的差异；短期的运营预算是对短期的生产经营计划的货币表示,它与日常的运营相关;作业预算是基于过程或者活动的,它在寻求经营平衡和财务目标平衡的过程中对企业的资源消耗量进行控制。

(3)预算控制也可以从三个层次进行:战略层监控、管理层控制和作业层控制。

①战略层监控。通过汇总价值链联盟各成员和业务单位的实际执行值,得到战略执行结果,并将它与最初的年度预算进行比较,找出差异。这些数据来源于集成的价值链会计实时控制信息技术平台,通过一定的程序和规则采集相应的数据,存储在数据库中。管理人员通过一些战略管理工具和数据挖掘工具对这些数据进行分析,找出可以改善的地方并做出解释。这个层次的监控虽不能算是实时的控制,但这种方式的战略层监控,是传统会计系统所没有的,其控制效率也远远高于原来的人工控制方式。

②管理层控制。这个层次的控制是基于对执行的实际数据和预算数据对比基础之上的。价值链上的执行结果是对作业层具体数据的汇总,如价值链上的销售、采购等的实际执行值与预算数据进行对比,找出差异,并根据一定的控制规则进行实时的控制。

③作业层控制。通过客户端实时采集作业活动价值信息,并通过作业预算与实际作业产生的数据进行对比处理,根据一定的控制规则进行中止或延期预警等实时控制。另外,通过对预算执行情况进行分析,可以从价值链联盟的角度进行汇总,进行价值链分析、生产效率分析等。利用价值链优化工具采用基于活动管理的技术来评估各种备选业务流程,找出各环节作业和资源消耗之间的联系,从而发现低效和浪费的环节,消除重复(即不增值)的作业,发展价值链联盟间的协作环境,实现价值增值目标。

(二)IT 环境下标准成本控制

1. 标准成本控制原理

标准成本控制是一种由成本的前馈控制、反馈控制及核算功能有机结合而成的一种成本控制系统,是一种较理想的事中控制成本的方法。由于成本是衡量企业竞争力的一个非常重要的指标,因此对其进行控制是价值链会计实时控制的很重要的内容。

利用标准成本法对成本进行控制时,要事先确定标准成本卡,在生产过程中,不断地将实际消耗量与标准成本作比较,计算成本差异,分析差异原因,采取控制措施,将各种成本支出控制在标准成本范围内。

2. IT 环境下的标准成本控制框架

IT 环境下标准成本控制体系通过事先制定的成本标准,对各种资源消耗和各项费用开支确定数量界限,可以在事前限制各种消耗和费用的发生;在成本形成过程中,按成本标准控制支出,随时显示节约还是浪费,及时发现超过成本标准的消耗,有利于企业迅速制定改进措施,纠正偏差,以达到降低成本的目的。产品成本形成之后,通过实际成本与标准成本相比较,企业可以进行定期的分析和考核,及时总结经验,为未来降低成本指明方向。IT 环境下标准成本控制框架可以用图 12－2 表示。

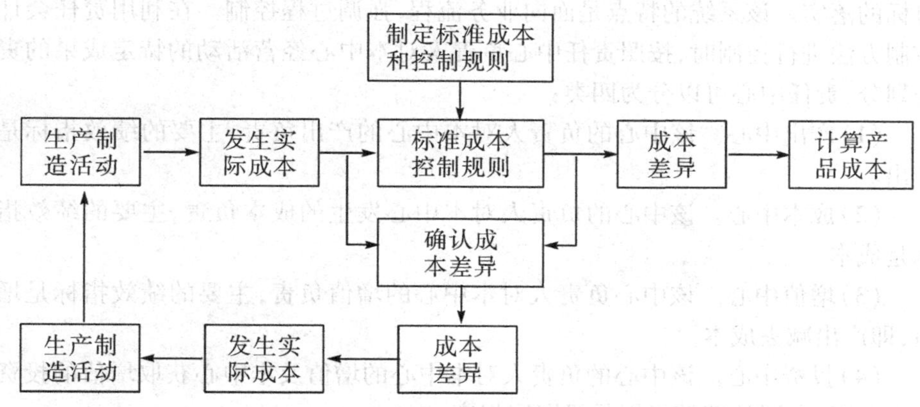

图 12－2　IT 环境下标准成本控制框架图

和传统的标准成本控制相比较,IT 环境下的标准成本控制是以作业成本法为成本控制的基础。其优势在于以作业为中心并视之为基本的成本计算对象,这样可以准确的核算成本。在控制时以作业为单位对成本进行控制,可以收到良好的效果。另一方面,数据的采集都是依靠计算机自动完成的,随时自动监测差异,并及时传送给控制人员,以对系统进行实时调整。会计人员设定系统对差异的监测方式及呈报方式,并根据系统提供的信息进行实时控制。

(三)IT 环境下责任会计控制

1. 责任会计控制原理

责任会计将企业总体目标中的价值指标进行分解,按照经济责任归属,传递、控制、考核、报告经济信息,并对经营活动的业绩与规定的目标进行比较分析,形成全员参与、保证企业总体目标的实现。它强调按确定的经济指标进行事前、事后分析考核,做到经济责任、经济权利、经济效益、经济利益相结合,并把企业资产和生产资料的使用、经营、管理落实到每个职工,充分发挥其作用,这样就能有力地保证企业实现价值增值最大化的目标。

传统的责任会计以部门和班组为单位的成本中心,不能适应精细化管理的需要。同时许多企业会计核算仍停留在手工阶段,运用电子计算机进行预测、控制、分析等管理活动的企业比较少,从而导致许多企业信息输出缓慢,难以适应责任会计信息灵敏、控制有效、考核及时的要求,责任会计事前预测、事中控制的优越性难以发挥。

2. IT 环境下责任会计控制框架体系

IT 环境下的责任会计控制系统则是把责任控制与生产和业务系统充分集成，将企业的总体目标分解转化为各责任中心的责任预算，各责任中心再根据总体目标协调和调整自己的目标使之与总体目标一致，保证企业计划的实施和目标的落实。该系统的特点是面向业务流程，强调过程控制。在利用责任会计控制方法进行控制时，按照责任中心负责人对本中心经营活动的特定成果的责任划分，责任中心可以分为四类：

（1）产出中心。该中心的负责人对本中心的产出负责，主要的绩效指标是产出。

（2）成本中心。该中心的负责人对本中心发生的成本负责，主要的绩效指标是成本。

（3）增值中心。该中心负责人对本中心的增值负责，主要的绩效指标是增值，即产出减去成本。

（4）投资中心。该中心的负责人对本中心的增值及本中心获取增值的投资资本负责，主要的绩效指标是投资回报率。

在控制标准和控制规则的支持下，管理者对责任中心的经营活动进行分析和控制，并通过责任报告评价责任中心的经营活动和绩效；如果管理者对责任中心的绩效不满意，则通过修订或不断修正责任中心的行为方式对其进行控制，最终保证企业各责任中心都向一个共同的目标努力，以达到提高企业效率和效益的目的。

在 IT 环境下运用责任会计控制方法进行控制时，要充分发挥网络环境下会计控制的优势，用探测器实时获取实际信息并通过动态会计平台转换成责任会计信息，分析器实时将预算与实际数据进行比较分析，实时、动态地为各责任中心提供绩效报告，并通过系统实时反馈信息，以控制责任中心的各项经营活动。

参考文献

1. 迈克尔·波特．竞争优势[M]．陈小悦，译．北京：华夏出版社，2004.

2. 葛家澍，林志军．现代西方会计理论[M]．厦门：厦门大学出版社，2002.

3. 毛蕴诗，欧阳桃花，戴勇．中国优秀企业成长与能力演进：基于案例的研究[M]．北京：中国财政经济出版社，2005.

4. 阎达五，李勇．建立"价值链会计"的新思考[N]．中国财经报，2003-01-22.

5. 阎达五，尹美群．价值链会计——基于价值链管理理念的会计思想(上)[N]．财会时报，2003-03-26.

6. 阎达五，徐鹿，李勇．价值链会计靠信息技术实现[N]．中国财经报，2003-04-09.

7. 李百兴．价值链会计研究的几个理论问题[J]．财会通讯，2003(7).

8. 赵艳．价值链会计浅探[J]．四川会计，2003(7).

9. 尹美群，张妍．价值链：更具柔性的会计模式[N]．中国财经报．2004-02-27.

10. 阎达五．价值链研究：回顾与展望[J]．会计研究，2004(2).

11. 綦好东，杨志强．价值链会计的目标确定与职能定位[J]．会计研究，2004(2).

12. 李寿文，黎文靖，谭劲松．"价值链管理与价值链会计"研讨会[C]．会计研究，2004(2).

13. 杨宇红，梅世强．作业成本法与价值链会计的有机结合[J]．内蒙古农业大学学报：社科版，2004(3).

14. 陈顺新．EVA：价值链会计的核心指标[J]．价值工程，2004(4).

15. 徐鹿，黄震，李勇．基于价值链会计构建业绩评价指标体系的思考[J]．理论学习，2004(5).

16. 徐国强，高方露．价值链会计对象论[J]．天津商学院学报，2004(5).

17. 管亚梅．价值链会计——一个全新的理论构想[J]．财会通讯，2004(11).

18. 肖淑芳,王蓉. 战略管理会计与价值链会计的比较研究. 财会通讯,204(12).

19. 尹美群,胡国柳. 解读价值链管理与价值链会计的关系[J]. 海南大学学报:社科版,2004(12).

20. 尹美群,何广涛,张妍. 从价值链管理到价值链会计:理论框架与实务问题[J]. 会计研究,2004(12).

21. 张妍,何广涛,杨松令. 纪念阎达五教授. 推进价值链会计研究[J]. 财务与会计,2005(1).

22. 张涛. 基于面向对象技术的价值链会计构建[J]. 财会通讯,2005(3).

23. 刘国宏,韩道琴. 价值链会计:助中国企业应对入世挑战[J]. 税务与经济,2005(3).

24. 潘郁蕾. 价值链会计与财务会计、管理会计相结合刍议[J]. 长沙理工大学学报,2005(3).

25. 赵雪梅. 浅探价值链会计的时空观[J]. 财会月刊(A),2005(4).

26. 魏光. 对价值链会计理论的几点思考[J]. 财会月刊,2005(5).

27. 张林,于富生,王加灿. 关于价值链会计理论结构的探讨[J]. 财会通讯,2005(5).

28. 胡国柳. 价值链会计理论框架构建及运用[J]. 商业会计,2006(2).

29. 周红缨. 关于价值链会计几个问题的探讨[J]. 企业经济,2005(12).

30. 庄建芳. 价值链会计研究综述[J]. 财会月刊,2005(25).

31. 许国艺. 关于价值链会计的探讨[J]. 财会通讯:学术版,2005(11).

32. 于富生. 论价值链会计管理框架[J]. 会计研究,2005(11).

33. 綦好东. 价值链会计的学科定位及问题域[J]. 会计研究,2005(11).

34. 魏光. 价值链会计与传统会计的比较[J]. 财会月刊,2005(24).

35. 郎永建. 价值链会计研究现状述评[J]. 集团经济研究,2005(7).

36. 郑秀芳. 价值链会计在应用中的问题及解决对策[J]. 价值工程,2007(10).

37. 郑秀芳. 价值链会计的理论基础研析[J]. 辽宁经济,2007(12).

38. 郑秀芳. 价值链会计与传统会计[J]. 合作经济与科技,2007(15).

39. 郑秀芳. 价值链会计对传统会计的影响[J]. 商业会计,2008(2).

后　记

价值链会计作为知识经济环境下的一种管理活动，作为 IT 环境下研究会计管理的一种新思路，虽然兴起的时间不长，但作为会计学的新领域，价值链会计仍存在着许多不完善的地方，其理论研究和应用研究还需要继续深入。近几年价值链会计发展速度非常迅速，其研究的深度也日益加强。在社会主义市场经济不断完善的环境下，相信价值链会计的应用范围会更加广泛。我们期待着价值链会计能够把企业带到新的制高点上，使企业充分发挥自身的竞争优势，不断适应市场需求，提高国民经济的运行效率，推动国民经济的快速稳定发展。

价值链会计是一个具有前沿性、挑战性和趣味性的课题。回顾整个撰写过程，虽然困难重重，但也有很多收获。通过深入学习，我一方面为价值链会计这些丰富的理论、深刻的内涵、光彩夺目的思想所吸引，另一方面更为价值链会计的应用前景而激动不已。

本书是在我的硕士论文的基础上经过修改补充完成的，本书从收集资料、拟写提纲到具体撰写，历经两年多时间。在该书的完成过程中，帮助、支持、鼓励我的人不计其数，在这里谨表示深深的谢意。同时，要特别感谢西南财经大学出版社为本书的出版提供了大力支持，也感谢莆田学院出版基金对本书的出版提供资助！

价值链会计是一个广阔、复杂的新领域，它浩瀚无际、博大精深，本书不过是沧海一粟，期望对价值链会计的研究能有所裨益，并在今后的研究中不断完善。

郑秀芳

后记

[illegible]

[illegible]

[illegible]

[illegible]

[illegible]

[illegible]